Adaptabilidad

El arte de triunfar
en tiempos de incertidumbre

Max McKeown

Traducción de Gabriela García de la Torre

3R
Editores

McKeown, Max, 1969-
    Adaptabilidad : el arte de triunfar en tiempos de incertidumbre / Max McKeown
; traductora Gabriela García de la Torre. -- Editor César A. Cardozo Tovar. -- Bogotá :
Panamericana Editorial, 2015
    292 páginas ; 22 cm.
    Título original : Adaptability : the art of winning in an age of uncertainty
    Incluye índice temático.
    ISBN 978-958-30-4599-8
    1. Adaptabilidad (Psicología) 2. Conducta (Psicología) 3. Éxito I. García de la Torre,
Gabriela, traductora II. Gaviria Carvajal, Mauricio, editor III. Tít.
    155.2 cd 21 ed.
    A1475781

        CEP-Banco de la República-Biblioteca Luis Ángel Arango

Primera reimpresión, enero de 2018
Primera edición en Panamericana Editorial Ltda.,
bajo el sello editorial 3R Editores, marzo de 2017
Título original: *Adaptability*
© 2012, Max McKeown
© 2012, Kogan Page Limited
© 2016, Panamericana Editorial Ltda.,
de la versión en español
Calle 12 No. 34-30
Tel.: (57 1) 3649000,
www.panamericanaeditorial.com
Tiienda virtual: www.panamericana.com.co
Bogotá D.C., Colombia

Editor
Panamericana Editorial Ltda.
Edición
César A. Cardozo Tovar
Traducción
Gabriela García de la Torre
Diagramación
Precolombi EU-David Reyes
Diseño de cubierta
Diego Martínez
Imagen de cubierta
Milan Lipowski, Adobe Stock//Fotolia
Ruslan Gilmanshin, Adobe Stock//Fotolia

ISBN 978-958-30-4599-8

Impreso por Panamericana Formas e Impresos S.A.
Calle 65 No. 95-28
Tel.: (57 1) 4302110 – 4300355. Fax: (57 1) 2763008
Bogotá D.C., Colombia
Quien solo actúa como impresor
Impreso en Colombia - *Printed in Colombia*
Edición especial para Taller del Éxito, 2018

Contenido

Introducción:
en busca de la adaptabilidad

Este es un libro acerca de cómo se adaptan las personas. También es un libro acerca de triunfar. Pero no solo triunfar jugando con las mismas reglas de siempre, sino jugando mejor. Y no solo ganar para que haya un perdedor. Mi interés radica en entender más sobre la manera en que los grupos sociales pueden trascender las reglas existentes para encontrar juegos que permitan que más personas triunfen con mayor frecuencia. Los nuevos juegos pueden hacer que todos se encuentren en una mejor situación que antes.

Adaptarse o morir no es la única opción. Nuestras opciones y actos de adaptación influyen en lo que nos sucede. Tan solo mantener las cosas como están requiere un esfuerzo. Limitarse a sobrevivir puede exigir sangre, sudor y lágrimas. Y no obstante, sobrevivir significa una oportunidad. La adaptabilidad es algo más que flexibilidad; es mucho más que simplemente lidiar con una serie de opciones lamentables en un juego desdichado.

En el futuro, usted puede tratar de mantener lo que ya tiene o bien puede intentar trascender las limitaciones de su situación. Somos parte de una larga cadena de iniciativas de adaptación. Cada iniciativa fue cambiando las circunstancias de nuestros antecesores. Hasta que llegamos nosotros. Ahora es nuestro turno.

¿Cómo es que algunas personas comienzan desde una posición perdedora y terminan triunfando? ¿Cómo otros siguen la trayectoria inversa, empezando desde una posición ganadora, y terminan perdiendo? ¿Por qué individuos, grupos, mercados y naciones terminan en situaciones que son mutuamente destructivas? ¿Cómo podemos avanzar desde un precario y desdichado equilibrio hacia un gozoso desequilibrio? En breve, ¿cuáles son las reglas de la adaptabilidad?

Encontrar respuestas a estas preguntas significa examinar la ciencia de la adaptación, en busca de claves que serían útiles para desarrollar reglas prácticas.

Significa también examinar ejemplos en la historia y ejemplos recientes para ver qué parámetros o estrategias de adaptación han funcionado efectivamente en este mundo real, repleto de personas problemáticas, irracionales y egoístas, supuestamente "normales".

En su libro pionero, *Colapso*, Jared Diamond sugiere que las sociedades pueden enfrentar cuatro problemas similares: daños al medio ambiente, cambios climáticos, hostilidad de los enemigos y falta de apoyo de los vecinos. Al encarar las mismas amenazas, algunos fracasan mientras otros triunfan. La respuesta es lo que importa, y dado que la respuesta es lo único que podemos controlar, es lo más importante. Nuestra capacidad para la adaptación es lo que marca la diferencia.

La cultura, la ciencia y la tecnología son los mecanismos primarios de la adaptación humana. Podemos cambiar la manera en que nos comportamos como grupo, entender más acerca del mundo en que vivimos y desarrollar herramientas para potenciar nuestra capacidad de hacer casi cualquier cosa. Si bien nos encontramos muy distantes de los dioses que veneraban nuestros antepasados, seguimos siendo los mejores en la Tierra para cambiar nuestras circunstancias, sin aplicar cambios genéticos a la manera como vivimos.

La ciencia estudia lo que es, lo que fue y lo que puede ser. Los investigadores observan lo que ocurre para descubrir los mecanismos detrás de lo que ven. La curiosidad impulsa su búsqueda para comprender qué guía los eventos y las acciones. No existe una única ciencia de la adaptabilidad, pero todos los científicos buscan comprender parte del rompecabezas de cómo y por qué cambian o no las cosas.

En el transcurso de mi propio trabajo de investigación no hubo prejuicio alguno contra ninguna fuente de saber relacionada con mi tema. En parte, eso se debe a mi visión del universo, es decir, al hecho de que mi curiosidad no fija fronteras entre conocimientos adquiridos de comedias improvisadas de televisión de medianoche o aquellos obtenidos a partir de las mediciones meticulosas de las colonias de hormigas. Todo puede ser relevante.

Algunas ramas de indagación científica resultaron ser de particular importancia porque incluían un número de científicos que se han hecho preguntas directamente relacionadas con las mías. Curiosamente, con frecuencia trabajan aisladamente unos de otros. Han hecho sus preguntas desde su especialidad científica y no parecen estar al tanto de los descubrimientos provenientes de otras esferas. Este libro reúne algunas de aquellas teorías, de manera interdisciplinaria, por primera vez. El texto combina aquellos descubrimientos con mis propias deducciones independientes.

Si usted desea profundizar en algunos de aquellos campos académicos, puede utilizar las referencias adicionales al final. Algunas son bastante técnicas, pero he tratado de incluir otras que resulten más accesibles como punto de partida. La pregunta central que se hace este libro es valiosa. Las respuestas merecen que usted les dedique un tiempo y para mí sería un placer haber proporcionado una guía hacia algunas de ellas.

Las personas se esfuerzan por sobrevivir. La mayoría de nosotros queremos vivir bien. Y muchos de nosotros queremos vivir tan bien como sea posible. Buscamos ventajas, pero no todos tenemos éxito. A veces porque no sabemos cómo queremos controlar las circunstancias, en otras ocasiones porque, por alguna razón, ignoramos lo que se puede hacer.

No saberlo puede deberse a una ignorancia individual, algo que no sabemos que otros saben. También puede tratarse de una ignorancia general en nuestro grupo social, en nuestra organización o en toda la humanidad. Puede ser algo que no se conoce, alguna información o aptitud nueva que aún tiene que encontrarse, descubrirse, crearse o ponerse en funcionamiento. O también, con bastante frecuencia, lo que puede hacerse no se hace.

Las adaptaciones pueden ser deliberadas o no deliberadas. También pueden ser exitosas o no exitosas. Hay adaptaciones que llevan a la totalidad de un grupo social al fracaso. Hay adaptaciones que permiten que el grupo sobreviva, pero dejan a las personas en una situación lamentable. Hay adaptaciones que mejoran de manera deseable la situación del grupo. Y hay adaptaciones que trascienden la situación y crean un juego por completo nuevo.

En mi exploración de la adaptabilidad, he detectado tres pasos que se deben seguir para que funcionen las adaptaciones deliberadas. Hay mucho por saber sobre cada uno de los pasos, y puede ser difícil comprenderlos cabalmente. Dependiendo de la naturaleza de cada problema u oportunidad, los pasos pueden involucrar una gran cantidad de trabajo o, por el contrario, muy poco; pueden requerir siglos o solo minutos.

- **Paso 1: Reconocer la necesidad de adaptación.** Si nadie reconoce la necesidad de adaptación o la oportunidad para adaptarse, no puede presentarse un intento deliberado de hacerlo. Es posible que alguien cambie un comportamiento de manera accidental de un modo que mejora la situación; no obstante, este mecanismo no es muy confiable. La suerte es la mejor de todas las herramientas, pero incluso la suerte se sirve de un claro deseo de mejorar algo.
- **Paso 2: Comprender la adaptación requerida.** Reconocer la necesidad de adaptación es un buen comienzo, pero existen muchas personas, y naciones enteras, que reconocen los problemas sin saber qué hacer al respecto. Se preocupan mucho de la necesidad de efectuar cambios. Es posible que quieran algo diferente, pero todavía no sepan cómo obtener lo que quieren y, en consecuencia, fracasan.
- **Paso 3: Hacer lo que sea necesario para adaptarse.** Es enteramente posible que usted sepa que debería estar efectuando cambios para solucionar algún problema o para aprovechar alguna gran oportunidad, sin que haga nada por conseguir esos cambios. Es bastante frecuente que las personas sepan lo que es necesario hacer y, sin embargo, no pongan manos a la obra. Es

así como se van al traste los planes más grandes, y algunas de las necesidades más urgentes nunca son satisfechas.

En mis investigaciones, estos tres pasos explican a un nivel elevado qué fue lo que condujo a una adaptación exitosa o fallida. Cada paso implica trabajo y el conocimiento de detalles y no pretendo sugerir que la solución de problemas arduos resulta siempre fácil. Sin embargo, el esfuerzo requerido para salir airoso no es necesariamente mayor que el esfuerzo para apenas sobrevivir. De hecho, la diferencia es pequeña.

La diferencia radica en el enfoque, en actuar de manera diferente. Es preciso que usted pueda imaginarse varias situaciones en el futuro, unas peores, algunas idénticas y otras mejores. El uso de la imaginación le permite reconocer un problema mientras aún hay tiempo para solucionarlo. La imaginación le permite aventurarse fuera de los límites del juego existente y dilucidar cómo crear nuevas reglas.

Los resultados de la adaptación, o la ausencia de adaptación, pueden ser el colapso, la supervivencia, la prosperidad o la trascendencia.

- **El colapso** es el final del grupo social. El grupo deja de funcionar. Es posible que todos abandonen el grupo, como es el caso de la emigración masiva, la deserción o la dimisión. Es posible que el grupo carezca de los recursos para cumplir con sus obligaciones y se desbande, incluso sin que se produzca el abandono. Esto puede tomar la forma de bancarrota, extinción, anarquía o la muerte.
- **La supervivencia** es usualmente mejor que el colapso porque el grupo sigue existiendo. El problema es que la situación no es deseable; de hecho, puede ser lamentable. El grupo sigue contando con recursos, continúa funcionando como grupo en diversas

formas, pero las personas no se sienten satisfechas, el grupo no está creciendo ni mejorando. Los individuos están sobreviviendo sin prosperidad, orgullo o gozo.

- **Prosperar** es mucho mejor que estar en la lidia, porque el grupo está disfrutando del éxito en su situación actual. Las recompensas y beneficios de sus esfuerzos cotidianos valen la pena y son deseables. Si el juego requiere que haya un perdedor, entonces aquellos que están prosperando son los ganadores. Si los recursos permiten que haya muchos ganadores, entonces prosperar involucra muchas personas que disfrutan los beneficios de un juego ganador.

- **Trascender** permite escapar de las restricciones de la situación existente y superarlas. Los jugadores crean una nueva situación y un nuevo juego con nuevas reglas y mejores resultados a largo plazo. El grupo ha evolucionado de una manera de vivir y trabajar a otra mejor. Prosperar estaba bien dentro de las viejas reglas, pero trascender permite más para todos.

Estos niveles de éxito no son fijos. Hay una superposición entre ellos. El mismo grupo puede salir adelante en algunas cosas, ser infeliz en otras actividades y estar prosperando en algo de lo que hace. Los individuos pueden ser miembros de diferentes grupos y experimentar el fracaso y el éxito dependiendo del grupo.

Cada uno de estos términos puede ser relativo. Un colapso puede ser catastrófico e involucrar millones, o involucrar solo unos aspectos limitados de la vida de unas pocas personas. Algunos niveles de prosperidad pueden ser apenas un poco mejores que la mera supervivencia. Algunos grupos pueden sobrevivir en sistemas que crean prosperidad porque las personas han trascendido las limitaciones de los sistemas desastrosos del pasado.

Los niveles de éxito de la adaptación también cambiarán a lo largo del tiempo, con un grupo que pasa de salir adelante, apenas a prosperar, y luego a trascender muchas veces: pero igualmente sujeto a retroceder. La adaptación social es un sistema con descensos y promociones; es siempre el comienzo sin importar cuántas veces haya tenido usted éxito o haya fracasado.

En cualquier situación que usted enfrente habrá una serie de opciones sobre cómo responder. Usualmente, a mayor disponibilidad de tiempo, mayor número de opciones, pero no siempre parece así. Y a menudo se da el caso de personas que, por muchas razones, dilatan una decisión, así que el tiempo que suponían tener es desperdiciado. Hay decisiones que pueden dejarlo en una situación peor que antes, dejarlo exactamente igual o, con imaginación y suerte, ubicarlo en una situación significativamente mejor de allí en adelante.

No existen empresas heroicas. No existen líderes perfectos. En lugar de enfocarnos solo en un puñado de corporaciones, examinaremos muchas historias diferentes acerca de cómo individuos y grupos han intentado adaptarse. Algunos de ellos han fracasado tan rotundamente que su grupo ha dejado de existir; otros han alcanzado el éxito tan espectacularmente que han cambiado la historia.

Exploraremos la naturaleza de la adaptabilidad, no como un conjunto estático de valores, sino como un dinámico conjunto de principios. En particular, examinaremos los mecanismos que, o dejan a grupos de personas atascadas haciendo lo que siempre han hecho, o bien permiten que esas mismas personas hagan algo nuevo.

No hacer nada exige un esfuerzo. Con el tiempo, ese esfuerzo es más grande que el esfuerzo necesario para mejorar o para avanzar hacia algo mejor. El truco consiste en involucrar un número suficiente de personas y reorientar su energía. Esto se puede lograr, ya sea convenciéndolos de reenfocarse, o cambiando la forma en que trabaja el grupo social, de manera que se reenfoque sin necesidad de que haya tomado una decisión consciente.

DEL RECONOCIMIENTO A LA ADAPTACIÓN

Para facilitar la lectura, he dividido el libro en tres partes principales, cada una enfocada un poco más en alguno de los pasos del proceso de adaptabilidad. Esto le permitirá entender de manera más sencilla la forma en que funcionan estas reglas, si bien cada regla de adaptabilidad examinará los tres pasos. La suerte puede eliminar la necesidad de reconocer la exigencia de adaptarse, e incluso la de entender cuál adaptación es necesaria, pero lo que no puede eliminar es la necesidad de actuar.

Para mostrar cómo funciona la adaptabilidad, miraremos un conjunto amplio de ejemplos, problemas y situaciones. Descubriremos a un genetista de quince años trabajando desde el sótano de su casa y a la ciudad italiana que le dio su negativa a un cambio aparentemente inevitable. En nuestro recorrido visitaremos el proceso de adaptación de la tecnología occidental a las estructuras sociales de África subsahariana, y exploraremos las formas en que los juegos cuánticos pueden resolver algunos de los problemas más espinosos del mundo.

Miraremos al interior de corporaciones globales como Starbucks, Netflix y McDonald's para ver cómo flirtean con la extinción, crean barreras internas a la adaptación y se adaptan para trascender su situación. Investigaremos algunos de los más fascinantes experimentos psicológicos que nos permitan entender mejor el comportamiento de los grupos sociales y de la utilidad de la rebelión.

Los intentos humanos para adaptarse no se restringen a ningún período en particular de la historia y pueden involucrar individuos, grupos
pequeños, grandes organizaciones o civilizaciones enteras. La necesidad de mejorar la adaptabilidad puede encontrarse en todas partes.
Las consecuencias de no tratar de adaptarse o de adaptarse de maneras
que son contraproducentes, incluso desastrosas, pueden observarse en
el gran estancamiento económico global y en las crisis aparentemente
sin solución.

Parte del triunfo en una época de incertidumbre radica en la experimentación, el proceso de ensayo y error, aprendiendo de nuestros
errores. Sin embargo, la adaptabilidad requiere mucho más que la disposición de arriesgarse a fracasar y más que la confianza en sí mismo.
Es completamente posible fallar repetidas veces y no aprender nada de
ello. También es común que los seres humanos aprendan lecciones que
no lleven a cambios en el comportamiento. Es posible que repitamos
una y otra vez el mismo error, o simplemente que dejemos de lado los
avances sustanciales que parecen inevitables dada la escala de nuestra
necesidad.

Diversos eventos en los últimos años han subrayado el valor de los principios abordados en mis libros anteriores. En primer lugar, ha resultado
imposible controlar las oleadas de cambios sociales y tecnológicos. Mi
consejo de aprender a sortear esas oleadas, reaccionando con inteligencia ante las circunstancias, sí que parece preferible a fiarse de planes que
están basados en simples extensiones del pasado.

En segundo lugar, la crisis se ha convertido en una constante en el día a
día de las naciones, los Gobiernos, las corporaciones y los individuos.
Cuando afirmé que era terrible desperdiciar una crisis, no existía la certeza de que se iba a presentar tal abundancia de crisis. Cuando expliqué

la diferencia que hay entre un desastre (algo que lo deja sin opciones) y una crisis (un punto de inflexión crítico), no se sabía que la década siguiente se emplearía en tratar de dejar atrás ese dilema.

La adaptabilidad es la más importante de las características humanas. La supervivencia representa una oportunidad, aquella de crear un mejor juego, una mejor situación, una mejor vida para todos nosotros. Pero no es suficiente. A medida que exploremos juntos las páginas siguientes, con suerte descubriremos maneras para aprender más rápido de los fracasos, adaptándonos más allá de las peligrosas limitaciones de los sistemas existentes. Somos siete mil millones de seres humanos, de modo que mejorar nuestra capacidad de adaptarnos nunca ha sido más importante para nosotros como ahora.

Todo fracaso es un fracaso de adaptación. Todo éxito es una adaptación exitosa. El proceso de adaptación se centra en la crucial diferencia que existe entre adaptarse para salir adelante y adaptarse para triunfar. La adaptación es importante en todos los aspectos de la vida; de allí que este libro examine ejemplos provenientes de los negocios, del Gobierno, del deporte, del estamento militar y de la sociedad en general para que las reglas de la adaptabilidad cobren vida. Desde las corporaciones más innovadoras del mundo hasta la creatividad callejera que surge en las barriadas; de McDonald's a Sony; desde el Iraq de la posguerra hasta las revueltas de la Primavera Árabe; de los efervescentes mercados de Hong Kong hasta las célebres rutas del *rally* de Montecarlo.

La historia humana es un recuento de colaboraciones adaptativas y adaptaciones entre grupos e individuos. Nunca había sido tan importante como ahora comprender cómo pensar mejor y adaptarse de manera exitosa a nuestra época de incertidumbre. Vamos a analizar los siguientes interrogantes:

- ¿Cómo se adaptan mejor a la incertidumbre unos grupos que otros?
- ¿Cómo pueden los líderes crear una cultura de superadaptabilidad?
- ¿Cómo puede trascender usted las limitaciones de su situación?

La innovación es importante, pero no es suficiente. La estrategia, el posicionamiento de una marca, el mercadeo y las operaciones son todos elementos útiles, pero no suficientes. Usted no puede separar las circunstancias de las acciones al intentar explicar el éxito y la supervivencia. Es completamente posible hacer lo correcto, pero hacerlo de acuerdo con un libreto obsoleto. O encontrar una nueva y mejor manera de hacer algo, que no obstante deje a las personas atrapadas en el deplorable equilibrio de una situación no deseada.

Usted puede mejorar todos los días de todos los años y aun así fracasar. Puede ser que no llegue a adaptarse a las exigencias específicas de su situación, a un nuevo mercado que ni siquiera entiende o a cualquier enemigo que juegue un juego diferente con reglas diferentes. O usted puede ser parte del grupo que se adapta más deprisa y de forma más inteligente a una situación cambiante. Está en sus manos saber cómo fabricarse el camino hacia un mejor futuro.

Parte 1

Reconocer la necesidad de adaptarse

En el futuro decible, el futuro será impredecible. Si de algo se puede tener bastante certeza es que habrá incertidumbre. El lector puede estar seguro de que los eventos sobrepasarán sus planes, y de que las acciones de otros van a requerir su respuesta. Y puede estar bastante seguro de que si no reconoce la necesidad de adaptarse, entonces será difícil hacer cualquier cambio.

"No nos adaptamos lo suficientemente rápido" es una explicación bastante habitual sobre el pobre desempeño y el desastroso liderazgo en muchas organizaciones. Esta excusa la han utilizado los políticos para explicar las oportunidades perdidas por años en una guerra que crea más problemas de los que resuelve. Adaptarse lentamente puede ser perjudicial o fatal. No reconocer la necesidad retrasa el proceso de adaptación.

"Nos equivocamos" es menos popular, pero igual de relevante. La gente puede avanzar rápidamente, pero en la dirección equivocada. Los grupos pueden actuar deprisa, pero hacer los cambios incorrectos, llegando a lo opuesto de lo que se intentaba. La capacidad de reconocer el error y ajustar la dirección es valiosa, no solo una vez, sino con tanta frecuencia como sea necesario para avanzar a un lugar más deseable.

Las personas, especialmente cuando están en grupos, pueden terminar confundidas sobre qué es lo mejor para hacer a continuación. Las personas pueden dividirse en bandos y pelear sobre los diferentes mapas de ruta, todos ellos defectuosos. También pueden quedarse muy tranquilas acerca del futuro, porque no son conscientes de los cambios a su alrededor, de los cambios que se avecinan. Cuando llega el cambio y contradice la experiencia del grupo, los miembros de este pueden quedar perplejos, inseguros y en la incertidumbre.

La verdadera madre de la invención es la curiosidad. Es posible que usemos las ideas de otros porque las necesitamos, pero una nueva forma de comprensión no va a aparecer simplemente cuando la necesitemos. Si así fuera, las personas que están en situaciones difíciles siempre encontrarían una manera de superarla a través del ingenio, pero no ocurre así. Es completamente posible que un individuo, grupo o nación no intente nada nuevo para hacer frente a preguntas duraderas. La necesidad no garantiza la adaptación.

Si usted no es curioso, va a tener menos opciones cuando una situación familiar cambie. Como lo afirma Virginia Rometty, una directora ejecutiva de IBM, puede ser que el próximo error lo conduzca a la irrelevancia. No será el caso si el error es pequeño o temporal, pero ciertamente sí lo será si este cambia la dirección del grupo en una forma que agrava la naturaleza del error y puede quedar amenazada la supervivencia.

Las personas curiosas son aquellas que se adaptan con mayor éxito. Entienden que la estabilidad es una ilusión peligrosa y van más allá de los límites de lo que puede ser, tanto si es bueno como si es malo. Van más allá de las preguntas obvias a las respuestas no obvias y están dispuestas a acogerse a una sabiduría inadmisible como una forma de incrementar las opciones disponibles. No se limitan a aceptar las opciones que les son dadas, sino que buscan de forma activa mejores opciones. Nuevas opciones.

Regla 1

Juegue su propio juego

Si a usted le están dando madera jugando con las reglas existentes, acostúmbrese a perder o cambie el juego. Si no puede triunfar permaneciendo de pie y peleando, entonces corra y escóndase. Si no puede triunfar siendo grande, sea pequeño. Si no puede triunfar siendo pequeño, sea grande. La primera regla para triunfar es que no hay una única forma de hacerlo.

Los antiguos poetas griegos describían a la monstruosa Hidra como una criatura con más cabezas de las que los pintores de jarrones podrían pintar. Peor aún, para los que la atacaban, por cada cabeza que le cortaban a la Hidra, salían dos más.

La Hidra fue finalmente derrotada por Heracles con la ayuda de su sobrino Yolao, quien evitó que las nuevas cabezas crecieran sosteniendo una antorcha junto a los tendones del cuello sin cabeza. En ese momento se hizo más simple seguir con cada una de las cabezas mortales hasta que, con un poderoso golpe, pudo decapitar la última cabeza, la inmortal.

Esta mítica contienda ilustra una lucha permanente entre diferentes aproximaciones al arte de ganar. La Hidra busca reemplazar las cabezas más rápido de lo que puedan ser destruidas. Intenta defender su centro a costa de un daño temporal, mientras derrota a su enemigo moviéndose de forma rápida y poderosa. En lugar de una cabeza gigante, tiene siete cabezas. En lugar de pesadas defensas, la Hidra cuenta con velocidad.

Cualquier atacante se encontraría inicialmente confuso, pues el comportamiento es inesperado y trabaja en contra de la fuerza del ataque. Cualquier éxito aparente incrementa la fuerza del enemigo. Es una adaptación estratégica que debilita al contendiente que está empleando el mayor esfuerzo. Los recursos físicos se gastan con cada ataque, mientras que las reservas mentales se ven mermadas con cada renovación.

Un ejemplo similar al de la Hidra fue el que enfrentó la estrategia o doctrina militar de los Estados Unidos conocida como "Shock and Awe" ("conmoción y pavor"). Fue formalmente introducida en el léxico en el año 1996 por la Universidad Nacional de Defensa. Sus autores, Harlan Ullman y James Wade, fueron generosos en sus alabanzas tanto a las Fuerzas Militares de los Estados Unidos como a su habilidad para alcanzar un dominio rápido:

Obviamente resulta claro que las Fuerzas Militares de los Estados Unidos son hoy en día las más capaces del mundo y seguramente así lo seguirán siendo durante mucho tiempo [...]. Buscamos determinar de qué forma la conmoción y el pavor pueden ser factores lo suficientemente intimidantes y convincentes para forzar y convencer al adversario de que acepte nuestra voluntad [...]. El dominio total alcanzado a una velocidad extraordina-

ria y tanto en niveles tácticos y estratégicos como políticos destrozará la voluntad de resistir.

"Shock and Awe" fue ampliamente conocida por el público durante la invasión a Iraq en 2003, cuando el término fue empleado por oficiales de los Estados Unidos para describir su estrategia primordial. La idea era que al arrojar el suficiente número de bombas de precisión, se destruiría la cadena de comando y se desmoralizarían las fuerzas iraquíes, quienes en ese momento se rendirían. A su vez, las fuerzas terrestres serían cálidamente recibidas por los ciudadanos iraquíes, quienes establecerían una democracia estable y cercana en afectos a los Estados Unidos.

El 21 de marzo de 2003 se dio inicio al ataque principal. Más de 1700 misiones de bombardeo se llevaron a cabo, y se usaron más de 500 misiles de crucero. Dos semanas después, las fuerzas terrestres capturaron Bagdad. Tres semanas después, los Estados Unidos declararon la victoria. Y el primero de mayo, el presidente George W. Bush aterrizó en un jet sobre un porta aviones y declaró "misión cumplida".

En un principio, para algunos, parecía que la doctrina de "Shock and Awe" había funcionado. El 27 de abril, el *Washington Post* publicó una entrevista con soldados iraquíes que decían que habían detenido la resistencia, puesto que "no era una guerra, sino un suicidio". Sin embargo, la verdad es que la resistencia no se había detenido; simplemente se había adaptado a la imposibilidad de ganar según las reglas de los Estados Unidos.

Jugar su juego ganador es un principio importante de la adaptabilidad. Adaptarse para ganar es mucho más que simplemente sobrellevar. Usted puede optar por minimizar pérdidas o salvar las apariencias, pero únicamente como parte de una adaptación ganadora. Sobrevivir se convierte en uno de los numerosos pasos hacia una posición ganadora.

Más de 375 000 soldados iraquíes se quedaron sin empleo el 23 de mayo de 2003 a raíz de la Resolución Número Dos de la Autoridad Provisional para la Coalición, firmada por el administrador estadounidense de Iraq, Paul Bremer. Se supuso que habría poca resistencia violenta, por lo que un ejército de 40 000 nuevos soldados, entrenados por las corporaciones estadounidenses, podría reemplazarlos más adelante.

El ejército tradicional –el de los combates en campos de batalla– se desvaneció y dio paso a algo diferente, algo que se adaptaba mejor a la situación. La "insurgencia", como fue etiquetada en Occidente, era una combinación de ciudadanos iraquíes armados, combatientes extranjeros y miembros del recientemente desbandado ejército iraquí.

Peor aún, la acción y la inacción estimularon el reclutamiento de nuevos combatientes por la insurgencia. Las acciones incluyeron la muerte de iraquíes como resultado de la invasión, con cifras entre 150 000 y 600 000 víctimas, y abusos como los cometidos en la prisión de Abu Ghraib. Incluso si fuera la cifra más baja, para un país de 30 millones de personas, esas pérdidas ayudaron muy poco para que se generara apoyo o simpatía. Las inacciones incluyeron el daño a la infraestructura y a ciertas instituciones que dejaron a muchas personas sin posibilidad de reconstruir sus vidas o sus medios de vida.

La siguiente es una ilustración, tres años después de la invasión, de la frustración que sirvió de munición para la resistencia:

La irritación crece a medida que los residentes, privados de aire acondicionado y agua corriente tras tres años de la invasión liderada por los Estados Unidos, observan cómo la imponente embajada estadounidense, a la que llaman "El palacio de George W", se eleva sobre las orillas del Tigris. El enclave diplomático se podrá ver desde el espacio y cubre un área mayor que la Ciudad del Vaticano, y es lo bastante grande como para albergar cuatro parques de atracciones del tamaño del Millennium Dome en Londres.

Las fuerzas de la resistencia violentas fueron apoyadas por una mayoría de iraquíes que anhelaban deshacerse de lo que era visto como un ejército de ocupación, un ejército colonial. Este nivel de apoyo multiplicaba la motivación de los individuos involucrados en la resistencia e incrementaba su efectividad.

Se registraron 139 decesos de estadounidenses en el período comprendido entre el comienzo de la invasión y el momento en que el presidente Bush declaró "Misión cumplida", y más de 4335 a partir de esa fecha. El punto no es que la resistencia iraquí haya derrotado al ejército de los Estados Unidos, sino que, a pesar de la inmensa cifra de muertos iraquíes y de los más de 800 000 millones de dólares gastados en la guerra, el Ejército de los Estados Unidos no había encontrado una estrategia para desarmarla o derrotarla.

Multiplica para triunfar. Si la contraparte en un juego estratégico decide dispersarse, fragmentarse y dividirse para multiplicarse, se hace entonces más difícil de derrotar. Es una forma de ataque en enjambre. Y en términos prácticos, la victoria final será negada mientras continúe jugando, aunque sea un solo e invisible jugador, motivado y difícil de encontrar.

La adaptación de la estrategia de resistencia a las fuerzas de los Estados Unidos fue muy rápida, como lo fue la desaparición del ejército oficial iraquí. En contraste, la adaptación de la estrategia de los Estados Unidos fue angustiosa y peligrosamente lenta.

Las suposiciones fundamentales de la estrategia de los Estados Unidos en Iraq fueron equivocadas, y esto fue algo que se notó casi de inmediato. A pesar de ello, la estrategia de los Estados Unidos, y la respuesta militar que la acompañaba, continuó siendo obtusamente lenta. Era claro para algunos adentro y afuera de la cadena de mando de los Estados Unidos que el enfoque debía cambiar rápidamente, pero no ocurrió así. Entender cómo se demoró la respuesta de adaptación nos proporciona invaluables percepciones sobre aquello que ralentiza o acelera la adaptabilidad.

Uno de los argumentos que se esgrimía era que los Estados Unidos tenían que aprender a lidiar con un nuevo conjunto de problemas. El Ejército tenía que aprender sobre el terreno, mientras era atacado, lo que no podía saber antes de la invasión. Tenía que aprender por propia experiencia, lo que a la postre, y después de repetidos ensayos y errores, podría ser una adaptación estratégica viable.

Tal y como argumenta Tim Harford en su excelente libro *Adaptación*: "Los errores de estrategia son comunes en la guerra. El asunto no fue solo invadir a Iraq con la estrategia errónea. Fue además una falta de adaptación, o peor, una negación a adaptarse".

Si queremos entender más acerca de la adaptabilidad, deberíamos entender por qué lo que ya se sabía no fue usado con más rapidez. Deberíamos saber por qué lo que aprendimos no fue puesto en práctica. ¿Qué estaba retrasando la clase de adaptabilidad que hubiera ayudado? ¿Por qué se negaron a adaptarse? ¿Y qué nos dice todo esto sobre el arte de triunfar?

Las Fuerzas Militares de los Estados Unidos ya habían experimentado las limitaciones de la fuerza decisiva y la naturaleza imbatible de la resistencia con tácticas guerrilleras. Vietnam dejó unas advertencias que habían sido documentadas, se habían convertido en películas, eran parte de la herencia cultural estadounidense.

De la misma forma, la experiencia de la Unión Soviética en Afganistán fue un sangriento caso de estudio de la resistencia y de una derrota humillante y costosa. Los Estados Unidos fueron la potencia extranjera que ayudó a la resistencia, deberían haber sabido de su potencial de fracaso. La CIA le había brindado a la resistencia asesoramiento y entrenamiento, mientras el Gobierno estadounidense ya había visto la mortífera efectividad de pequeños grupos de resistencia motivados e invisibles.

Es cierto que cada situación es diferente de alguna manera. Es cierto que, aun cuando una situación es similar, las personas son diferentes y tienen que aprender por sí mismas los aspectos prácticos de lecciones ya aprendidas. Pero también es cierto que incluso *después* de que la experiencia sobre el terreno mostró lo que no funcionaba, las deficiencias les impidieron tener una mentalidad abierta a lo que *podría* funcionar.

El tiempo estimado para adaptarse es el que se presenta entre los cambios que se dan en una situación y el momento en que una organización se adapta a esos cambios. A veces es una amenaza para la manera en que las cosas funcionan que exige una adaptabilidad estratégica correspondiente. En otras ocasiones, los cambios presentan nuevas oportunidades que requieren de una adaptación antes de que puedan captarse plenamente. En ambos casos se deben reconocer los cambios, comprender la naturaleza del cambio y llevar a cabo los cambios a tiempo para diseñar un escenario ganador.

El tiempo para adaptarse puede ser ralentizado en cualquier etapa de un aprendizaje necesario y de acción basada en una nueva comprensión. Esta tardanza puede deberse tanto a la ignorancia de los hechos, como a la ignorancia de lo que significan los hechos. También podría deberse a una forma de interés propio que ignora lo que está sucediendo con el fin de aumentar otros beneficios. Es muy factible que por interés propio se llegue a la ignorancia, y por ignorancia se llegue al interés propio.

Los individuos sufren de ignorancia o de interés propio, lo que puede impactar negativamente en sus organizaciones. Las organizaciones también experimentan la negación colectiva. Los individuos saben qué es lo que realmente está pasando y aun así no son capaces de decir la verdad de forma *clara o con la suficiente contundencia* para lograr que la organización cambie la estrategia o las acciones elegidas.

Esta desconexión, o brecha, entre lo que está sucediendo y lo que motiva a la organización a adaptarse crea un campo de distorsión de la realidad que ralentiza cualquier intento de acción. Si no se puede ver el problema no se puede responder a este. Si usted no puede mencionar el problema, no puede discutirlo. Y mientras usted no se está adaptando, por motivos de tradición, ignorancia o interés propio, la adaptación de su oponente continuará teniendo éxito, ya sea en la guerra, en los negocios o en la política.

Regla 2

Todo fracaso es un fracaso de adaptación

En 2011, en la lista de las compañías más admiradas que publicó la revista *Fortune*, UPS fue la primera entre un grupo de diez competidores de la industria de los repartos de paquetes. Se le dio una puntuación media de 7,42 sobre un máximo de 10 por su desempeño global, mientras el Servicio Postal de los Estados Unidos (USPS, por sus siglas en inglés) solo alcanzó una puntuación de 3,89. En otras palabras, UPS, una empresa estadounidense de entrega de paquetes, fue considerada el doble de efectiva que la USPS, también una empresa estadounidense de entrega de paquetes. ¿Qué explica esta diferencia?

Un argumento es que ser propiedad del Gobierno le impide a USPS hacer un buen trabajo. Le es difícil adaptarse, puesto que tiene obligaciones legales para proporcionar lo que se denomina como *obliga-*

ción de servicio universal. **La agencia tiene la obligación de brindar a todas las personas, en cualquier lugar, un servicio de entrega postal a precios asequibles, sin importar si esto le significa o no una ganancia.**

A cambio se le concedió lo que más o menos era un monopolio cuando se estableció en 1775. La idea era que la USPS cubriría sus costos, puesto que todo mundo tenía que usar ese servicio. La situación ha cambiado, ya que ahora existe competencia, pero la USPS no se ha adaptado a ello. Y una razón para esta falta de adaptabilidad son las regulaciones externas que no permiten la adaptación. Otra es que doscientos años de historia han estimulado una cultura que se adaptó demasiado bien a las limitaciones percibidas. Parte de esta inhabilidad para adaptarse puede deberse al comportamiento del sindicato y más o menos igual responsabilidad parece recaer en el comportamiento de los administradores y del Gobierno.

Si usted encuentra un sistema que está fallando, significa que también encontró un sistema que está fallando en adaptarse. Primero que todo tiene que averiguar cuáles son las adaptaciones necesarias para que el sistema funcione exitosamente. En segundo lugar, debe entender qué es lo que ha impedido que el sistema se adapte con éxito. Y en tercer lugar, debe encontrar cómo liberar a las personas en el sistema para hacer las adaptaciones necesarias.

En la práctica, los tres pasos están relacionados. Usualmente, la gente en el sistema sabe qué es lo que está mal en el sistema. Si usted se comunica con esas personas, será la forma más rápida de ubicar los problemas. Esta iniciativa tiene el beneficio adicional de involucrarse con las personas que hacen el trabajo. Es posible que las personas en los cargos administrativos tengan que hacer los cambios más grandes para que funcionen las adaptaciones organizativas. Parte del proceso está en asignar la responsabilidad y la autoridad para adaptarse tan cerca como sea posible del mismo trabajo.

Los líderes que se quedan en la sala de juntas se aíslan de las extremidades. Padecen de torniquetes organizacionales que impiden que el suministro de sangre y de oxígeno necesario circule efectivamente por todo el cuerpo. Tal vez hayan empezado con unas reglas que tenían una razón de ser, pero con el tiempo se pueden transformar en escollos mal adaptados cuya existencia pocos entienden. Peor aún, conllevan presiones que reducen y dañan la sensibilidad.

Partes de la organización pueden presentar deformaciones de acuerdo con las restricciones que tengan. Necesitan una rehabilitación. Necesitan una mezcla de masajes, ejercicios, estiramientos y aflojamientos de las restricciones que les impidieron adaptarse de forma exitosa. En lugar de simplemente enfatizar la urgencia, la gente a menudo necesita un poco más de flexibilidad para encontrar nuevos patrones de comportamiento que les permitan idearse su acceso a un juego en el que puedan triunfar.

A Ford le ofrecieron la oportunidad de hacer dinero fácil. En el período posterior a la crisis financiera de 2008, el Gobierno los invitó a considerar un rescate gubernamental. A pesar de las pérdidas de ese año por valor de 14 600 millones de dólares, ellos insistieron en que no necesitaban esos fondos. Esta fue la peor pérdida en sus 105 años de historia, y llegó justo dos años después de su anterior pérdida récord, de 12 600 millones de dólares en el 2006.

La negativa de aceptar el rescate se remonta a 2005, cuando el presidente de la junta directiva, Bill Ford, le pidió a su gente que se imaginara una forma de volver a llevar a la compañía de regreso a una rentabilidad a largo plazo. Mark Fields, un recién llegado, expuso su trabajo en la reunión de junta directiva del 7 de diciembre. El plan se hizo público antes de finales de enero de 2006.

"El camino para avanzar", como se llamó el plan, se proponía adaptar la compañía a las demandas de su medio. Dejaría de producir vehículos ineficientes y no rentables, juntaría las líneas de producción, cerraría 14 plantas y recortaría unos 30 000 empleos. Ford reduciría el tamaño de la compañía en un 25 %, que había sido la reducción de su participación en el mercado de los automóviles durante la década previa. Ford también desarrollaría autos de forma más rápida con su nuevo y ampulosamente llamado Sistema de Desarrollo de Productos Globales (GPDS, por sus siglas en inglés).

Los rivales en Estados Unidos también estaban haciendo la misma clase de recortes. Los recortes de Ford fueron una adaptación de supervivencia. Se estaban produciendo demasiados autos en los mercados desarrollados. Incluso los adictos a los automotores se habían cansado de los mismos vehículos voluminosos y tragagasolina. Especialmente cuando existían mejores alternativas de compañías que se habían adaptado antes. El nuevo enfoque para el desarrollo de autos fue una mejora, pero se proponía únicamente acercar a Ford al nivel de sus rivales japoneses en lugar de, por ejemplo, sobrepasarlos.

En el mismo período, la participación de mercado de Toyota se duplicó. En 1995 tenía el 7,3 % del mercado mundial y para 2005 se había elevado casi al 15 %. El crecimiento se debió en parte a una calidad superior, que se derivaba de una cultura de mejoras constantes y del Sistema de Producción de Toyota (TPS, por sus siglas en inglés). La forma en que Toyota conducía los negocios logró hacer de ella una de las compañías más admiradas en el mundo. Según sus competidores, fue la novena compañía más admirada en 2006, la tercera en 2007, la quinta en 2008 y la tercera en 2009.

Toyota consideró el futuro en términos de pequeñas, continuas y paulatinas adaptaciones gracias a trabajadores ultracomprometidos. Pero también consideró el gran futuro, una oportunidad para contribuir, y una oportunidad para hacer algo extraordinario. En 1992, rebosante de confianza en sus capacidades, anunció la Carta de la Tierra, trazando metas para desarrollar vehículos que generaran la menor contaminación posible. No solamente poca contaminación. No solo la menor en la industria automotriz. Oiga a la ambición hablando. Toyota quería competir con lo posible.

Toma tiempo y mucho trabajo cambiar la historia. Durante los dos años siguientes, Toyota pasó de la adaptación en el papel a la meta específica de construir un automóvil que fuera hipereficiente y al mismo tiempo conservara los beneficios de un carro moderno. Querían construir un automóvil ecológico pequeño y apropiado en lugar de una curiosidad o una monstruosidad. El promotor del proyecto, el ingeniero jefe de la compañía, asumió como ingeniero jefe del nuevo auto. En 1995 revelaron su carro híbrido de gasolina y eléctrico en el 31 Salón del Automóvil de Tokio. El equipo le puso un nombre en latín –Prius– por haber sido los pioneros en este tipo de autos.

Mientras tanto, en la ciudad de Detroit, GM había recién empezado a mercadear el ostentoso y devorador de gasolina *Hummer*, un vehículo utilitario deportivo (SUV) de 3000 kilos. Era el epítome del despilfarro con un rendimiento de menos de 10 millas por galón. Los conductores de esta *Hummer* recibieron en promedio cinco veces más multas de tránsito que los conductores de otros vehículos, además de que los puntos ciegos del auto hacían que su estacionamiento fuera difícil y peligroso. Para no quedarse a la zaga, Ford empezó a vender el vehículo utilitario deportivo más largo y más pesado jamás hecho. El *Excursion* fue diseñado para 9 pasajeros, podía arrastrar hasta 5500 kilos, tenía 325 caballos de potencia, un motor turbo diésel de 7,3 litros que promediaba un poco más de 14 millas por galón y pesaba más de 3500 kilos.

Los llamados "Tres de Detroit" (Ford, General Motors y Chrysler) prefirieron seguir produciendo vehículos que fueran más grandes, más pesados y más perjudiciales para el medio ambiente que hacer algo mejor. Ignoraron las tendencias sobre las que estaban al tanto. Jugaron el contraproducente juego de ver quién aguantaba más con la cabeza bajo el agua. El daño sufrido año por año a su participación en el mercado, la erosión en sus márgenes de ganancia y sus compra-ventas a través de las excesivas promociones y financiación barata fueron dejados de lado. Estaban convencidos de que esto era una emergencia a largo plazo, que el gran descalabro nunca iba a ocurrir, y si ocurría, no iba a afectar a sus líderes.

Para el año 2008 el sistema financiero se había derrumbado, los Estados Unidos estaban envueltos en dos guerras innecesarias y costosas y el mundo había entrado en una gran recesión. En 2008, en la economía más próspera del mundo, GM y Chrysler se vieron obligados a ir a mendigar a Washington D.C., el hogar político del capitalismo. Mientras Ford, GM y Chrysler estaban todos perdiendo dinero, el Toyota Prius había vendido más de un millón de vehículos. En apenas dos años más, las ventas habían alcanzado los dos millones de vehículos.

El Prius representaba adaptabilidad *con anticipación*. Fue una forma de creatividad preventiva. Si la originalidad demanda que un hecho obvio sea seguido por una solución no obvia, entonces sería un buen ejemplo. El personal de Toyota fue capaz de aceptar la ciencia medioambiental, las leyes de la escasez económica y las necesidades de la expresión propia dentro de un cierto segmento del público comprador. Y puesto que ellos notaron este patrón cambiante, fueron capaces de adaptarse y adelantarse años a sus rivales. Fueron capaces de tomar iniciativas al nivel genético de la adaptación.

Incluso después del éxito del Prius fueron objeto de burla por parte de cierto grupo de detractores. Por ejemplo, el periodista radial estadounidense Rush Limbaugh, quien se describe a sí mismo como "el hombre más peligroso de los Estados Unidos", expresó que "los liberales piensan que ellos van adelante en el juego con estas cosas cuando en realidad son unos imbéciles". Aún después del éxito llegó a sugerir que Japón había sido golpeado por un temblor y un tsunami en 2011 porque la madre naturaleza estaba enojada con el Prius.

La ignorancia apasionada es un comportamiento muy peligroso para la adaptación ilustrada. Los individuos y los grupos pueden hacerse enormemente populares diciéndoles a otros lo que estos quieren oír o lo que están dispuestos a creer. Pero las naciones y las organizaciones resultan perjudicadas por esta clase de inadaptación. Creer que cualquier cosa inteligente es liberal, que la ciencia es una conspiración, que compartir no es patriótico y que el conocimiento es venderse, impiden a la gente ver qué es lo que está cambiando y considerar cómo crear, de la mejor forma, nuevos juegos triunfantes.

Para 2008 la confianza de Ford en sus propios planes había crecido lo suficiente como para no echar mano de los fondos del Gobierno. Argumentaba que sus dos grandes competidores sí deberían recibir los fondos de rescate y de esta forma los proveedores, de quienes todos ellos dependían, podrían sobrevivir. Habían reconocido la necesidad de una adaptación profunda antes que sus competidores de Detroit, y en 2006 habían establecido un crédito por 23 500 millones de dólares *antes* de la crisis financiera. Era también una oportunidad de utilizar esta ventaja para promover a Ford como una compañía independiente, en un momento en que esto era particularmente popular.

El gerente general de Ford explicó que él había llevado el plan de reestructuración original a más de 40 bancos para conseguir la financiación.
Pidió mucho más crédito bancario de lo que cualquiera podría anticipar
que se usaría, y había tomado decisiones difíciles sin ser forzado a ellas
por el Gobierno. Al reaccionar tan rápidamente como era posible a los
patrones del cambio, estuvo en condiciones de adelantarse a la curva.
Logró hacer cambios en un plazo que le convenía a Ford, e invertir
en Investigación y Desarrollo para acelerar la instauración de nuevas
tecnologías. Esto también es adaptación preventiva.

En 2010 Ford alcanzó sus mayores ganancias en diez años, cercanas a
los 7000 millones de dólares. A este logro le siguió su trimestre más
fuerte en 13 años, con 2550 millones de dólares en ganancias de un total
de 33 000 millones de dólares.

Las ventas se elevaron en un 16 %, principalmente por la fuerte demanda
de más vehículos de consumo eficiente de combustible. Una demanda
que ahora Ford sí podía suplir. Es precisamente la demanda lo que Ford
está preparando para estimular con nuevos acuerdos de asociación con
Toyota para las camionetas híbridas y vehículos utilitarios deportivos
(SUV, por sus siglas en inglés). Las dos compañías van a trabajar conjuntamente, lo cual es, en sí misma, una estrategia adaptativa superior.

Chateando en la feria electrónica de consumo en 2010, con su corte de
cabello estilo años cincuenta, camiseta roja sin mangas, los botones superiores sueltos y una contagiosa risa de jovencito, el director general de
Ford, Alan Mullaly, parecía una especie de genio de los computadores,
ensalzando las virtudes de los autos como si fueran IPhone portátiles.
En la feria electrónica de los consumidores de 2011 en Las Vegas, Ford
hizo otra aparición sorpresa para revelar su nuevo auto, el Ford Focus,
que funcionaba solo con baterías. En lugar de lanzarlo en el Salón del
Automóvil de Detroit, Ford había transformado su perspectiva para

mostrar sus productos como parte de algo más grande que la industria automotriz.

Esta visión más acertada de la realidad fue acogida por Toyota, pero rechazada por un segmento de los comentaristas de los medios, gente de la industria y políticos. No obstante, parece ser la característica más destacada del gerente general de Ford. Este cambio en la percepción hacia una versión más acertada de la realidad, particularmente entre las directivas, le permite a la organización moverse de forma más rápida y adaptar las situaciones de forma más efectiva hacia juegos ganadores.

Regla 3

Acoja nociones inaceptables

Lo primero que siempre hacen es amedrentar. Cuando el Gobierno italiano anunció que todos los pueblos con menos de 1000 residentes debían fusionarse con las poblaciones cercanas para ahorrar dinero, esperaban cumplimiento de la disposición. Los burócratas suponen que cuentan con la obediencia, y si no, entonces con la sumisión.

Al alcalde Luca Sellari el cumplimiento de aquello no le parecía necesario. En lugar de ello decidió rebelarse. Él y la aldea de Filettino declararon su independencia de Italia. La aldea imprimió su propia moneda, el fiorito, que significa "florecido". Según el alcalde, el nombre hace alusión a la moneda que inicialmente se usó en Florencia en el siglo XIII, el "florín", y se eligió para mostrar la manera en que la aldea iba a florecer a resultas de la nueva situación.

El movimiento independentista anunció un nuevo escudo de armas con el lema *Net flector, nec frangor* ("no nos someteremos; no claudicaremos"). Los ciudadanos planean invitar a un miembro de la depuesta familia real de Italia para convertirlo en el nuevo príncipe de Filettino. Han tenido reuniones con empresarios con el fin de establecer un banco nacional para su nuevo principado.

Muchos pueblos pequeños se sintieron descontentos con el anuncio, pero solo este grupo de 544 personas ha intentado adaptarse a la situación de una manera nada previsible. Una de las maneras obvias habría sido quejarse, o incluso escribir cartas de protesta al Gobierno. No obstante, serían reacciones previstas por las burocracias, que se han adaptado de maneras tan poco imaginativas a la crisis financiera.

En parte, la respuesta no obvia fue posible porque los aldeanos miraron más allá de su situación inmediata. Miraron hacia el pasado, cuando Italia estaba compuesta por muchos principados y ducados. Miraron hacia San Marino, una república sin salida al mar con 31 108 ciudadanos y con la constitución escrita más antigua del mundo. Pensaron en Mónaco, Andorra y Lichtenstein, todos ellos principados en funcionamiento rodeados desde todos los costados por naciones muchísimo más grandes, con las cuales comparten el idioma, la historia y la tradición. Y miraron hacia el poder de las redes sociales, creando un portal de Internet para lograr que su historia fuese de interés a nivel internacional.

Revertir la adaptación más obvia abre posibilidades. Incluso el solo hecho de enunciar en voz alta lo contrario de las nociones predominantes puede crear oportunidades. Levi Strauss & Co revirtieron su estrategia habitual de operaciones cuando anunciaron en 1992 sus primeras fechas límite a nivel global para asegurar la calidad del agua en sus instalaciones. O cuando decidieron trabajar con grupos ambientalistas para involucrarse en reivindicaciones del uso del agua, así como su eficiencia y reutilización, inclusive en fábricas que pertenecían a proveedores de sus proveedores.

En 2007 fueron aún más lejos cuando empezaron a realizar el monitoreo del ciclo de vida de un solo par de *jeans* 501. Determinaron que se usaban alrededor de 3000 litros de agua, desde el momento de la producción del algodón hasta el proceso de manufactura para mantener limpios los *jeans*. Casi la mitad del agua, el 45 %, es usada después de que son vendidos, razón por la cual Levi's se propuso crear conciencia acerca de los beneficios de lavar con agua fría.

La adaptación obvia sería la de esconder los hechos de los clientes, o al menos, la de no estar buscando revelar verdades incómodas.

La adaptación menos obvia a las preocupaciones ambientales y a las de los clientes fue la de averiguar cuánta agua era usada y luego dar a conocer esa información. La adaptación obvia asignaría la responsabilidad al cliente por medio de una campaña de información pública acerca del agua empleada en el cuidado de los *jeans* una vez comprados y se quedaría en ese punto. Pero la adaptación menos obvia sería la de aceptar responsabilidad por el desperdicio de agua en el proceso de producción y luego intentar hacer algo al respecto.

Carl Chiara, director de conceptos de marca y proyectos especiales, no estaba contento. No estaba contento con las nociones predominantes. No estaba contento con el uso excesivo de agua en los procesos de lavado de la manufacturación de los *jeans*. Ni con las tres y hasta diez veces con que se lavaba cada par. Y ciertamente no le gustaba que se usaran 42 litros de agua en el proceso de acabado para darles a los *jeans* los pliegues de diseñador, las arrugas y las marcas de desgaste. Al respecto explicó:

Fuimos a la lavandería y les dijimos que queríamos hacer el acabado más increíble que se hubiera visto, pero no queríamos usar nada de agua. Y ellos pensaron que estábamos locos porque uno va a la lavandería y usa agua. Pero nosotros estábamos empecinados al respecto. Y lo resolvimos.

Hemos hecho increíbles acabados que no requieren agua. Y parte de esto viene de desafiar las convenciones.

Ellos inventaron el lavado de *jeans* a la piedra sin usar piedras. Encontraron una forma de enjuagar con resina en lugar de usar agua. Y como resultado de todos estos cambios, el agua utilizada en los procesos de producción más eficientes se redujo en un 96 %. Etiquetaron su innovación como *Water<Less™* (Menos Agua). Para la colección de la primavera de 2011 elaboraron alrededor de 1,5 millones de pares de *jeans* usando los nuevos procesos. Y asociados con la organización de beneficencia de Matt Damon, water.org, invitaron a otros fabricantes a que copiaran sus ideas, en lugar de mantenerlas como un secreto corporativo. Quieren que se difunda el conocimiento en lugar de simplemente sacar ventaja a sus competidores.

Muchas soluciones innovadoras surgieron de crear un dilema, en lugar de aguardar a resolver un problema. Esto también son nociones "inaceptables". La capacidad de rebelarse en contra del *statu quo* es un rasgo humano valioso. La rebelión puede crear problemas donde antes no existían. Puede resistirse a la aceptación, la cual es sobre todas las cosas la enemiga de la adaptabilidad. Nuestra naturaleza rebelde batalla contra las restricciones, se enfrenta a molinos de viento, se levanta cuando debería permanecer abajo, lucha cuando debería desistir. Se rehúsa a la voluntad de la multitud. Rechaza la conformación facilista.

Si usted desea mejores soluciones, necesita mejores problemas. Este es el beneficio que dan a los grupos sociales las personas perpetuamente insatisfechas, especialmente cuando también son capaces de movimiento constante, de una resiliencia sin concesiones. Existe un lugar en el cielo de la adaptabilidad para aquellas personas que determinan sus estándares por encima de lo que existe. Su deseo de mejorar lo que les rodea viene de un profundo sentido de sí mismos; es innato en lugar de ser externamente impuesto. Y como resultado, no pueden ser detenidos por la oposición externa o por la satisfacción.

En esto consistía la fortaleza de Chiara; no quería que se desperdiciara toda el agua. Aquello tenía un valor que iba más allá de satisfacer a sus superiores inmediatos o cumplir un objetivo de rentabilidad en particular. Debía proponer algo que no era obvio y que probablemente no sería bien recibido. Debía vencer las tradiciones de aquellos que lo rodeaban, primero en la lavandería y luego en la estructura más amplia de la administración. Se requiere de la resiliencia para establecer nuevas nociones y crear sistemas modificados que permitan que esas nociones sean acogidas.

En 1961, Stanley Milgram tenía una curiosidad. Quería saber si muchos de aquellos que asesinaron a millones de judíos estaban simplemente cumpliendo órdenes. Mientras estaba en la Universidad de Yale diseñó una serie de estudios psicológicos que examinarían la disposición de las personas a obedecer una figura autoritaria. Se reclutaron 40 hombres a través de anuncios en el periódico para participar en lo que se les dijo era un experimento para aprender más acerca de la memoria y del aprendizaje.

El experimentador, ataviado con una bata blanca y anteojos de marco grueso, condujo a cada voluntario a una habitación repleta de impresionantes equipos eléctricos. El voluntario, que haría el papel del "profesor", era entonces presentado a un segundo hombre, que se le presentaba como otro voluntario, quien haría el papel del "aprendiz" en el experimento.

Se les explicó que el profesor leería una serie de palabras divididas en pares al aprendiz, y luego repetiría la primera palabra del par. Si el aprendiz no respondía con la palabra correcta, el profesor le aplicaría una descarga eléctrica suave al aprendiz. El aprendiz estaría en una habitación adyacente, fuera de la vista. Estaría atado a una silla, de tal forma que no dañara el equipo o se lastimara a sí mismo cuando le aplicaran la descarga. Los castigos se incrementarían de una descarga ligera de 15 voltios a una "descarga fuerte" de 450 voltios. Se les explicó que las descargas no lastimarían al aprendiz puesto que el amperaje se reducía a medida que los voltios se incrementaban.

A medida que avanzaba el experimento, el aprendiz cometía errores de forma deliberada. Entonces el profesor aplicaba lo que él creía eran niveles incrementados de descargas. En otra habitación, con cada descarga, se escuchaban gritos de dolor pregrabados. El actor que tenía el papel del aprendiz finalmente daba golpes en el muro en repetidas ocasiones, se quejaba de que tenía problemas de corazón y luego se quedaba callado.

Confrontados con la posibilidad de haber lastimado al aprendiz, muchos voluntarios decían que querían detener el experimento. Pero después de que se les aseguraba que no se los haría responsables de sus acciones, la mayoría continuaban. Si el voluntario decía que quería retirarse, el experimentador empleaba una serie de motivaciones verbales: por favor continúe, el experimento requiere que continúe, es absolutamente esencial que continúe y no tiene otra opción, *debe* continuar. Si un voluntario de todos modos quería parar, el experimento llegaba a su fin.

Los resultados fueron sorprendentes. Los colegas de Milgram suponían que solo una pequeña minoría estaba preparada para infligir el máximo voltaje. A pesar de que todos los voluntarios expresaron preocupación, 26 de los 40 continuaron hasta el final como resultado de la presión verbal ejercida por la figura de autoridad. Los lentes de marco grueso habían vencido sus imperativos morales más profundos. Aceptar las instrucciones recibidas había resultado ser más fuerte que su compasión.

Sin embargo, 14 de los 40 se rebelaron. En el contexto del experimento, la noción aceptada era que las descargas eran necesarias, pero, por cada uno de estos 14 voluntarios, algún rasgo de su carácter les permitía resistirse a la autoridad. No estaban dispuestos a aceptar las excusas que les daba la autoridad o renunciar a su propia responsabilidad personal. Cuando el experimento se repitió con grupos diferentes y en diferentes países, la mayoría siempre se conformaba, pero una minoría *siempre* se rebelaba.

La desviación, la diferencia y la rebelión son determinantes en la adaptación. Emile Durkheim, el afamado científico francés, argumentaba que la desviación brinda un contrapunto que la mayoría puede usar para definir su propia identidad. El rebelde es la excepción que confirma la regla. El rebelde es el monstruo debajo de la cama.

La gente puede incluso exagerar estas excepciones, y convertirlas en amenazas que pueden conducir a la mayoría en la dirección que prefiera. Desde actos tan dramáticos como el terrorismo, hasta preferencias tan personales como la forma de vestirse o la sexualidad, todas las diferencias han sido usadas para agrupar a la sociedad, en su oposición a tales diferencias. Estamos a salvo, somos buenos. Ellos son peligrosos, son malos.

La diversidad tiene un valor innato más allá de ofrecer una amenaza. La diferencia nos protege contra los peligros de la igualdad. Asegura que haya opciones, que se incremente el número de posibilidades. Puede brindar cierta protección que nos guarde de seguir un camino calamitoso en el que ni siquiera se considere la opción de dar vuelta atrás, o de mejorar la forma en que se viaja.

Cuando el alcalde de Filettino declara la independencia, crea problemas y oportunidades. Cuando el director de conceptos de Levi's exige que no haya agua en la lavandería, provoca la creatividad gracias a su empecinamiento. Y cuando los rebeldes nadan contra la corriente, desde los grandes activistas hasta los poco conocidos denunciantes de los abusos de los organismos o las empresas, algunas veces pueden reversar las cosas. Si algo se considera inaceptable entonces seguirá siendo imposible. No todo lo que es inaceptable es una noción sensata, ni todas las nociones sensatas son inmediatamente aceptadas.

Una razón para la lenta aceptación de las opiniones minoritarias es que las opiniones mayoritarias encuentran el camino más allanado. Si alguien presenta conclusiones que concuerdan con el punto de vista que usted tiene actualmente, es muy poco probable que reciban su atención más cuidadosa. Los estudios de influencia nos muestran que las opiniones de los rebeldes, o los puntos de vista minoritarios, reciben mayor escrutinio que los puntos de vista mayoritarios. De allí que los puntos de vista minoritarios, particularmente si son extremos, recibirán a menudo mayor atención pero, de forma crucial, contarán con menos paciencia que el punto de vista mayoritario. Cualquiera que desee cambiar las nociones predominantes en cualquier tema tendrá que trabajar con esa dinámica humana.

En 2000, el Gobierno portugués acogió la noción inaceptable de que el abuso de drogas era mejor tratarlo como un asunto de salud y no como un delito. Un factor que contribuyó a esta decisión fue que el país tenía la peor situación en Europa en cuanto a VIH/sida y contaba con el mayor número de adictos a la heroína. Portugal podría haber optado simplemente por una campaña de cero tolerancia mezclada con una impotente indignación moral. La administración de la Unión Europea estaba aplicando presión para hacer algo, pero eso no explica por qué Portugal optó por la originalidad.

Es la clase de pensamiento original que cuando es expresado por alguien del sector de la salud pública o de la administración de la justicia tiende a crear muy poco cambio. La minoría con experiencia puede reconocer las soluciones, pero parece impotente para actuar. Es exactamente la clase de opinión que, cuando es expresada de forma pública por un político, es recibida con un criticismo histérico por parte de los periódicos sensacionalistas, los comentaristas de radio intransigentes y algunos líderes religiosos. La evidencia no es suficiente para convencer a una mente cerrada.

Antes del cambio de la ley, más del 50 % de los infectados con el VIH eran consumidores de drogas, llegando cada año a una cifra de 3000 nuevos infectados con el VIH. Únicamente 23 500 estaban en tratamiento para su adicción. El objetivo de la estrategia de descriminalización era la de reducir el uso y el abuso de drogas a través de un redireccionamiento del enfoque hacia la prevención, al tiempo que se incrementaba la efectividad de las redes de atención pública de la salud de tal forma que todos los que necesitaban tratamiento pudieran recibir ayuda.

Todo comenzó en 1998 cuando la comisión de drogas, integrada por siete personas, recomendó la descriminalización. No podía recomendar la legalización debido a los diferentes tratados internacionales que obligan a las naciones a prohibir el uso de drogas. El consejo de gobierno y la comisión acordaron la estrategia, por lo que hubo relativamente poca resistencia a nivel político.

El éxito alcanzado con este cambio en la ley la ha hecho cada vez más popular en Portugal. Hay menos de 1000 nuevos infectados con el VIH. Más de 10 000 personas adicionales están recibiendo tratamiento. El número de consumidores de drogas, de heroína en particular, y de muertes relacionadas con el uso de drogas se ha reducido, lo mismo que los crímenes cometidos por financiar el consumo.

Resulta, no obstante, notorio que hasta el momento el resto del mundo no haya valorado cabalmente la razón de estas mejoras. La sagacidad de la política de drogas de Portugal sigue siendo algo inaceptable para muchos. Los sistemas políticos y culturales seguirán adaptándose mal mientras estén limitados por creencias dogmáticas y por el temor a la reacción de los votantes en las urnas.

Los Estados Unidos, por ejemplo, gastaron alrededor de 74 000 millones de dólares en 2010 convirtiendo a los consumidores de drogas en delincuentes convictos y solamente 3600 millones de dólares en el tratamiento para la adicción. En los últimos 40 años, desde el momento en que el presidente Nixon declaró la guerra a las drogas, los Estados Unidos han gastado alrededor de un billón de dólares, o sea 500 dólares por segundo, en un programa fallido de prohibición, aplicación de las leyes, ayuda militar extranjera y la intervención militar directa. En 2010, el director de la Política Nacional para el Control de Drogas de los Estados Unidos admitió que el término "guerra a las drogas" es contraproducente, pero en la práctica la política no ha cambiado.

En México, se han producido más de 41 000 muertes desde que el presidente Calderón decidió enfrentarse a los carteles de las drogas en 2006. Mientras el Gobierno afirma que la mayoría de esas muertes son el resultado de asesinatos entre integrantes de las bandas, esto no atenúa la dimensión de la matanza. Solamente en un año, 50 oficiales de policía, 19 alcaldes y alrededor de 3000 personas completamente ajenas al conflicto han sido asesinadas. Calderón sabía que es la demanda de drogas combinada con la pobreza las que contribuyen a fortalecer el crimen organizado, pero insiste en que su estrategia estaba funcionando.

Muchas personas suponen que la mayoría probablemente tiene la razón y tienen miedo de parecer estúpidas, o de quedar aisladas si adoptan un punto de vista minoritario. Esto es cierto para la mayoría de las personas, incluso si son conscientes de que la evidencia no encaja con las nociones aceptadas por su grupo. Los beneficios de ser aceptados bien valen los costos que implica estar colectivamente equivocados.

La minoría puede ser persuasiva. En una serie de experimentos grupales, a todos los participantes se les mostró una serie de diapositivas en color y se les pidió identificar el color. A una minoría de actores en el grupo se les pidió que de forma deliberada dijeran que las diapositivas azules que les mostraban eran "verdes". A pesar de que la verdad era obvia, con la insistencia consiguieron algunas veces convencer al resto del grupo de que eran verdes. Los actores también lograron que una de cada tres personas en una de las ocasiones aceptara que las diapositivas azules eran verdes.

El científico responsable del experimento era Serge Moscovici, un psicólogo social nacido en Rumania, donde en 1938 fue expulsado de la escuela secundaria por ser judío. Fue testigo de la masacre de 1941 en Bucarest y fue internado en un campo de trabajos forzados hasta que fue liberado por el Ejército Rojo soviético. Durante el tiempo que estuvo en prisión aprendió francés por su cuenta y más adelante emigró de forma ilegal a Francia para escapar del antisemitismo de los soldados del Ejército Rojo.

Las experiencias de Serge le indicaron que los grupos pequeños tienen el poder de cambiar la historia, para bien o para mal. Afirmaba que la diversidad de opiniones es prueba de que la influencia de la mayoría no es universalmente dominante. Argumentaba que la mayoría de los cambios sociales provienen de individuos o de grupos pequeños. En su opinión, las minorías persuasivas son la fuente para la innovación y el cambio.

Las perspectivas están en competencia. A menudo requieren que una serie de opiniones sean apartadas para hacerle espacio a una serie que las reemplace. La mayoría supone que la minoría está equivocada. Cuando se enfrentan a la persistencia se preguntan cómo la minoría puede no estar equivocada mientras insisten que ellos tienen la razón. La negativa a adaptarse a la visión dominante crea, al menos, espacio para la duda.

Vitalino Canas es el abogado designado por el Gobierno portugués para lograr que los objetivos de la descriminalización sean exitosos. Cuando pretende influenciar a otros, distingue entre el enfoque represivo tradicional y un enfoque progresivo multidimensional. Y es algo en lo que insiste mucho. Este es un aparte de una charla suya en Brasil, en 2007:

Los Estados Unidos han gastado miles de millones en hacer cumplir la ley, pero esto no ha llevado a nada [...]. No tiene ningún sentido aplicar sentencias de prisión o estigmatizar con castigos a estas personas, y cada vez más el mundo está dándose cuenta de esto. En lugar de ello, deben ser aplicadas una serie de medidas en la salud pública y de apoyo a los usuarios para disuadirlos de consumir drogas en el futuro. Esta es la filosofía que subyace en la ley portuguesa de 1999, de la cual fui responsable.

Su planteamiento de distinguir entre dos clases diferentes de política de drogas –la antigua manera y la nueva manera– es persuasiva. El método de recalcar lo que no ha funcionado, algo con lo que la mayoría puede estar de acuerdo, tiene que repetirse de forma constante para que la gente pueda darles cabida a cambios en su forma de pensar. Primero cambian las situaciones, luego la forma de pensar acerca de la situación dada, y finalmente viene la adaptación.

Acoger nociones inaceptables nos permite beneficiarnos de formas mejores de adaptarnos a nuestras situaciones. Propuestas no obvias pueden generar más ideas que nos conduzcan a mejoras más allá de las expectativas. Mirar hacia el pasado, hacia el futuro y fuera de los límites del día a día de su ciudad, de su profesión, de su corporación o de su país va a incrementar las opciones adaptativas. Si quiere aprender, escuche el lado opuesto de su argumento. Si quiere ser radical, escuche al rebelde.

Regla 4

Al carajo las reglas

Las hormigas crean sociedades complejas usando reglas simples. También nosotros. Las reglas son extremadamente importantes para permitirnos trabajar de forma efectiva. El 90 % del comportamiento que compartimos en común es lo que nos permite comunicarnos y colaborar; el 10 % de diferencia es lo que nos permite adaptarnos o fracasar, triunfar o perder.

Conocer las reglas es valioso; saber cuándo romperlas es crucial para una adaptabilidad exitosa. Si usted no conoce las reglas, estas no le podrán ayudar con los atajos para llegar a lo que ya se conoce. Las reglas encierran conocimiento. Las reglas están hechas de experiencia y gran parte de esa experiencia es útil.

Sin embargo, las reglas también pueden contener prejuicios o creencias equivocadas. Los comportamientos aprendidos en una serie de circunstancias pueden no prestarse para los nuevos retos. Incluso cuando la tradición funciona, la historia humana sugiere el deseo por encontrar un mejor camino, y de la habilidad de algunos para, de hecho, encontrar dicho camino.

Las hormigas tienen rutinas para lidiar con el día a día de su existencia. Para prosperar también deben tener formas de romper esas rutinas, en la eventualidad de que deban enfrentar perturbaciones en su rutina. En el mundo de las hormigas, algunas características son mejores que otras a la hora de adaptarse. Cada una de las 22 000 especies diferentes de hormigas tiene combinaciones diferentes de estas características. También se adaptan en diferentes niveles, dependiendo del tiempo disponible.

Si las hormigas solo cuentan con segundos para adaptarse, entonces la adaptación puede ocurrir a nivel individual. Las otras hormigas no tienen tiempo para cambiar lo que están haciendo. Pero si cuentan con un poco más de tiempo o los equipos que trabajan con esa hormiga están muy atentos, entonces pueden intentar adaptarse como grupo.

Si las hormigas cuentan con días o con meses para adaptarse, pueden asignar tareas de forma diferente en respuesta a las diferencias en el ambiente. Cada nueva generación recibe una función antes de que se le asigne un nuevo rol a medida que envejece. Estas reglas pueden cambiar de tal forma que las nuevas hormigas aprenden nuevas reglas para lidiar con nuevas situaciones, o con situaciones existentes de una mejor forma.

Si disponen de aún más tiempo, la adaptación puede tener lugar al nivel de la colonia, la cual institucionaliza los nuevos comportamientos y roles. También podría haber cambios en la dirección de la producción y en la priorización de la reproducción, en la forma de reclutamiento y en la capacitación en el lugar de trabajo. Se ha observado cómo hormigas mayores entrenan y orientan a hormigas más jóvenes.

Es posible que con el paso de las estaciones estos cambios puedan extenderse a otras colonias, llevando a cambios en la comunidad. Y finalmente, después de varias generaciones, se pueden dar cambios a nivel genético que incluyan las nuevas formas de comportamiento y nuevas habilidades para prosperar en los rasgos semipermanentes de los individuos, los grupos y la organización.

Esta adaptación basada en el tiempo es tremendamente importante en el arte de triunfar. Usted debería considerar convertir sus propios esfuerzos a lo largo del tiempo en una prioridad. ¿Cómo puede tener a las personas listas, competentes y dispuestas a adaptarse con la mayor brevedad de tiempo posible? ¿Cómo puede un individuo hacer avanzar a colegas y recursos por caminos flexibles que les permitan confrontar amenazas a corto o mediano plazo? ¿Y qué puede empezar a hacer, o dejar de hacer, que permita situarlo en una mejor posición para triunfar a largo plazo?

Todo el mundo necesita la responsabilidad y el poder para cambiar lo que sea necesario y así ganar de acuerdo con el juego que usted ha acordado jugar.

Los colegas en contacto directo con el cliente necesitan saber cuándo y cómo modificar las reglas para ayudar a un comprador. El negociador del contrato necesita saber cómo adaptar el acuerdo que se está ofreciendo sin exponer la organización a consecuencias perjudiciales.

Igual de importante es cómo se adapta la organización en respuesta a las adaptaciones a corto plazo que han tenido éxito o han fracasado. Y cómo se consideran los cambios a largo plazo que puedan aprovechar lo que se ha aprendido ante cualquier modelo de amenazas. Esto es lo que las organizaciones más adaptativas hacen mejor que el resto. Están enterándose de forma continua sobre lo que ocurre. Buscan adaptarse de forma activa, adelantándose a los sobresaltos y también a los problemas. Y descifran opciones para enfrentar los eventos no como excepciones, sino como desencadenantes para desarrollar nuevas e incrementadas capacidades. Incluso pueden transformarse en organizaciones totalmente nuevas. Observando el ejemplo de las hormigas encontramos diferentes vertientes de adaptabilidad:

- **Las oportunistas:** Algunas especies de hormigas son buenas al confrontar la incertidumbre y los constantes cambios de importancia. El tamaño de la colonia lo mantienen reducido y evitan la especialización. Si usted nunca sabe qué es lo que va a pasar a continuación, entonces lo mejor es que esté preparado para cualquier cosa. Estas hormigas rechazan la especialización excesiva en términos de comportamiento, dieta, habilidades o espacio de oficinas. Son abiertas en asuntos de apareamiento (poligámicas) y de alojamiento (polidómicas). Están listas para ser flexibles acerca de con quién aparearse y en dónde dormir, incluso con otras colonias.

- **Las climatistas:** Algunas especies de hormigas son buenas enfrentando ambientes muy, muy estresantes siempre y cuando sean estresantes de una manera predecible. Ellas saben que las cosas van a ser duras, frías y difíciles, por lo que se especializan en opciones que garanticen la supervivencia de la colonia. Han creado nidos que pueden mantener su temperatura varios grados más alta que la temperatura exterior. El tamaño de la colonia se incrementa a medida que el clima se hace más frío y la ubicación es más alta en las montañas, de tal forma que pueden recolectar suficiente comida para sobrevivir en el invierno.

- **Las competidoras:** Un tercer grupo de especies de hormigas gana más a menudo en una competencia directa con otras hormigas en un entorno relativamente predecible. No tienen necesidad de pelear para sobrevivir puesto que su situación es buena, y en lugar de ello pelean por la superioridad con otras especies de hormigas. Las hormigas menos especializadas son flexibles, pero no lo hacen tan bien cuando se enfrentan a las grandes y agresivas obreras de las competidoras. Las iniciativas colaborativas de las oportunistas son menos efectivas cuando sus vecinos no quieren coexistir.

En el mundo de las hormigas, las pertenecientes al grupo de las competidoras construyen inmensos nidos y tienen élites especializadas. No es que salgan adelante contra viento y marea; simplemente descubren y consumen recursos más rápido que otras especies de hormigas. Una especie extraordinariamente exitosa, la *Pheodile*, tiene dos grupos de obreras distintas. Las hormigas obreras normales tienen un tamaño normal, pueden ser entrenadas con facilidad y ejecutan la mayoría de las tareas de la colonia. Las hormigas soldado, con cabezas desproporcionadamente grandes, hacen un trabajo especializado y defienden el nido.

Tanto para las hormigas como para los humanos, existen ventajas y desventajas entre las diferentes características y entre los objetivos de competitividad, oportunismo y longevidad. Que la característica constituya una fortaleza o una debilidad depende de la situación en particular.

Tanto para las hormigas como para los humanos, estas habilidades pueden ser combinadas en formas únicas para triunfar en diferentes juegos. Una parte del tiempo de los humanos se emplea en tratar de aplastar al competidor, mientras que mucho más tiempo se invierte en coexistir más o menos preservando los intereses propios. Para ambos, es mejor considerar las reglas como un punto de partida en lugar de la palabra final sobre cómo se juega.

Considerar las reglas como el punto de partida es exactamente lo que han hecho los competidores más exitosos de carreras de motociclismo.

Puesto que el mundo de las competencias de motocicletas es ultracompetitivo, se da una constante tensión entre las reglas existentes para brindar una competencia intensa y el deseo del competidor por confrontar, alterar o infringir tales reglas con el propósito de terminar de primero. Al igual que ocurre con las hormigas, cada integrante del equipo busca, de alguna manera, cambiar la naturaleza del juego o encontrar una oportunidad dentro o cerca de la manera tradicional de jugar.

El nombre de Fórmula Uno (F1), el deporte automovilístico más popular del mundo, proviene de un conjunto de reglas que todos los competidores están de acuerdo en seguir. Las reglas incluyen estipulaciones como la de que un auto F1 no puede tener más de 180 centímetros de ancho ni más de 95 centímetros de alto, que los motores sean de aspiración y de combustión interna a cuatro tiempos y que no está permitido reabastecerse de gasolina durante la carrera. Se especifican aspectos de lo que los conductores pueden hacer durante la competencia, cuánto pueden gastar los equipos e incluso qué clase de aerodinámicas pueden o no ser usadas.

Un equipo F1 en particular alcanzó prominencia al ser capaz de adaptarse con más efectividad y encontrar formas más creativas de ganar siguiendo las reglas. Los cambios adicionales en las reglas siempre los beneficiarían más que a sus competidores, siempre y cuando fueran capaces de mantener su ventaja en la adaptabilidad.

En 2004, Ford puso a la venta por un dólar su escudería de Fórmula Uno, Jaguar. Parte de la decisión tenía que ver con el gasto de dinero –les costaba alrededor de 500 millones de dólares comparado con el beneficio del mercadeo. Y parte del bajo beneficio de mercadeo provenía del total de *cero éxitos* en la pista de carreras. En un lapso de cinco años completó más de 85 carreras sin una sola victoria, sin estar en las primeras posiciones de salida ni de alcanzar la vuelta más rápida.

Al carajo las reglas

Los empresarios de Red Bull saltaron a la palestra, acordaron invertir 400 millones de dólares en los siguientes tres años y fueron recompensados con el mejor rendimiento del equipo hasta entonces. Su nuevo jefe de escudería, Christian Horner, que fue presentado como una segunda opción, adaptó los recursos existentes transformándolos en competitivos. Con el mismo chasís y motor, el equipo se las arregló para ganar más puntos que en las dos temporadas previas combinadas. Sus nuevos pilotos, una acertada mezcla de experiencia y juventud, sobrepasaron sus logros anteriores, e incluso estuvieron cerca de alcanzar los primeros podios.

A pesar del optimismo, los nuevos motores de Ferrari y el recientemente reclutado director técnico Adrian Newey, que llegaba de obtener victorias recientes en McLaren, la temporada de 2006 comenzó de una manera decepcionante. Problemas en el sistema de enfriamiento, problemas de recalentamiento, motores que explotaban, problemas hidráulicos, retiros al inicio de las carreras y finales en los últimos puestos les significó que nuevamente terminaran en el séptimo lugar.

De muchas maneras esto fue el comienzo de algo especial. El costo de la adaptación profunda fue, al igual que con las hormigas, un asunto de tiempo. La flexibilidad en las carreras es importante, pero se estaban haciendo cambios más profundos. El equipo aprendió de cada carrera y de la experiencia de su nuevo director técnico.

Un punto de inflexión importante se alcanzó en la exigente ruta del circuito de Mónaco. Tras una primera ronda clasificatoria poco alentadora, Newey presionó duro para empezar cerca de la delantera. El equipo llevó a cabo un golpe maestro de estrategia cuando rechazó la usanza de los otros equipos de hacer dos paradas para recargar combustible, y el auto del piloto Coulthard solo lo hizo una vez, en la vuelta 29.

A pesar de algunas colisiones y momentos de peligro, Coulthard, ganador con anterioridad de ese circuito, le dio un lugar en el podio por primera vez a la escudería de Red Bull. Y Christian Horner mantuvo su promesa de que si uno de sus autos terminaba entre los tres primeros lugares saltaría desnudo a una piscina. Parecía apropiado que él y su equipo llevaran la insignia de Supermán para promocionar la película más reciente de este superhéroe.

En 2007, Red Bull se vio beneficiado por los nuevos motores de Renault, un nuevo chasís diseñado por su director técnico y por un nuevo piloto, Mark Webber. Nuevamente la temporada tuvo un mal comienzo, pero mejoró progresivamente y se obtuvo otra posición en el podio. Los autos mostraron un incremento en la velocidad. El equipo mostró un creciente optimismo. Red Bull continuó reforzando el equipo técnico y terminó en un impresionante quinto lugar en el Campeonato de Constructores, por delante de Toyota.

Los novatos lo hicieron bien y fueron elogiados. Ya a mediados de la temporada de 2008, con otro nuevo chasís pero los mismos pilotos, habían igualado el total de puntos de 2007, pero en esta ocasión tuvieron un terrible final de temporada, alcanzando apenas cinco puntos en diez carreras. Al final de la temporada habían caído nuevamente al séptimo lugar, casi como si se hubiera perdido todo el progreso de las temporadas previas. Lewis Hamilton ganó el campeonato para McLaren por solo un punto de diferencia con Ferrari, y el dominio de los dos grandes nombres de las carreras de Fórmula 1 parecía muy probable.

Entonces ocurrió algo muy diferente. Al final de la temporada de 2009, Red Bull alcanzó un increíble segundo lugar. Por delante de McLaren, Ferrari, Toyota, BMW y Renault. El equipo ganó la primera carrera y alcanzó otras tres victorias con autos en el primer y el segundo lugar.

En 2010, estrenando chasís pero conservando el motor de Renault, se hizo evidente de forma inmediata que tenían el mejor auto. Después de percances en Bahréin y en Australia, el equipo obtuvo el primer y segundo lugar en una carrera, subiendo a la casilla tres a nivel general. Siguieron seis *pole positions* consecutivas y nueve extraordinarias victorias en fila. Para el final de la temporada habían ganado tanto el Campeonato de Pilotos como el de Constructores. Estaban entre los grandes.

Red Bull había pasado de ser una escudería sin esperanzas que se había comprado por un dólar en 2005 a ser la fuerza dominante en las competencias automovilísticas en solo 5 años. ¿Cómo se había logrado esta gran adaptación de ser un desastre a ser los héroes? No se trataba solamente de los motores; eran los mismos de la escudería de Renault que terminó de quinta. Y tampoco eran únicamente los pilotos, pues ninguno de ellos había ganado un campeonato anteriormente. Fue la combinación de ambas cosas.

No existe una única forma de adaptación para ganar. Red Bull hizo decenas de miles de cambios a cada uno de los aspectos relacionados con los autos, los pilotos y los equipos de ingeniería, todos ellos efectuados tras la contratación de Christian Horner como director del equipo. El chasís ganador era el sexto que Adrian Newey rediseñaba completamente. Cada carrera, cada vuelta, cada cambio de reglas brindaron nuevas oportunidades para adaptarse mejor que la competencia.

Para incrementar las oportunidades de adaptación, Red Bull invirtió en dos equipos de Fórmula 1. El equipo italiano de Red Bull (la escudería Toro Rosso) compartió recursos que incluían el equipo de diseño, ideas para los chasís e incluso pilotos. Este acuerdo dio como resultado que el equipo "B" ganara un Grand Prix antes que el equipo "A". Como resultado de ello, el piloto ganador, Sebastian Vettel, se pasó al equipo Red Bull, donde sería campeón de Fórmula 1 en 2010. Los beneficios fueron tan grandes que desde entonces compartir diseños de chasís fue prohibido por las nuevas reglas. Todo esto es una ilustración palpable de cómo dos equipos pueden ser mejores que uno.

Para incrementar las oportunidades puestas en marcha, Red Bull cuenta con el director de equipo más joven de la Fórmula 1, quien entiende algunas de las limitaciones inherentes a la jerarquía tradicional. Cree en la importancia de empoderar a las personas en lugar de decirles cómo deben hacer el trabajo. Su edad –tenía 31 cuando fue nombrado– es una ventaja cuando se está trabajando con el campeón mundial más joven de la historia, y cuando su piloto de más edad tiene apenas 34. El equipo cree en un clima laboral más relajado que el de sus rivales. Y es este clima apolítico, o cultura apolítica, lo que estimula la ingeniosidad libre de roces. Uno va más rápido cuando no parece que lo estuviera intentando. Existen más oportunidades para la adaptación cuando hay menos capas que separen las buenas ideas, así como la oportunidad de probar dichas ideas en condiciones reales.

Obviamente no se trata solo de la edad del director de equipo de Red Bull. Es completamente posible ser joven e inflexible. Tampoco se trata únicamente de hablar de empoderamiento. Es igualmente posible hablar de empoderamiento y practicar el desempoderamiento (o hundirse en el caos de la adaptación deficiente o inadaptación) cuando se incrementan las oportunidades, pero no se ponen en marcha. El principio de adaptación que valora el incremento de oportunidades que se ponen en marcha debe ser recordado al momento de juzgar la efectividad de cualquier iniciativa particular.

Otros equipos no han reducido de forma tan exitosa las fricciones de la adaptación. McLaren, por ejemplo, ganó el campeonato de pilotos en 2008 cuando Hamilton alcanzó el indispensable quinto lugar en el giro final de la última vuelta de la carrera final. Este no era un equipo que se hubiera adelantado significativamente a sus rivales por medio de una adaptación superior; era una superioridad momentánea, temporal, dentro del sistema de puntuación.

Algunos de los mejores integrantes de McLaren se marcharon. El piloto David Coulthard fue descartado, pero Adrian Newey, director técnico y considerado uno de los más grandes ingenieros de Fórmula 1, había querido irse desde hacía varios años. Estuvo a punto de irse a Jaguar, pero finalmente se pasó a Red Bull en febrero de 2006. En parte se debió al dinero; se rumoraba que le ofrecieron 10 millones de dólares al año, pero buena parte de su decisión tenía que ver con el hecho de poder trabajar sin limitaciones.

Las diferencias en el estilo de administración son deliberadas. Christian Horner dejó muy claro que las directrices de McLaren constituyen exactamente la forma en que Red Bull no quiere tratar a sus pilotos. En lugar de controlar de forma estricta su imagen insistiendo en que los conductores se refieran al equipo adecuadamente, utilicen los productos promocionales adecuados y tengan un aspecto de profesionales, Red Bull se enfoca en que los pilotos se relajen cuando están en sus autos, con la prensa y entre ellos mismos. La apariencia de profesionalismo puede generar un comportamiento superficial y frágil, en lugar del comportamiento profundo y fluido necesario para una adaptación superior a largo plazo.

Algunos de los esfuerzos de McLaren para alterar las reglas han sido torpes, como cuando intentaron inducir al error a los comisarios de pista tanto en la carrera de Australia como en la de Malasia. De manera similar, Renault trató de obtener ventajas ordenando a uno de sus pilotos, Nelson Piquet Jr., que estrellara su auto de forma deliberada durante la carrera de Singapur de 2008. Esta táctica logró el objetivo de permitir que su otro conductor, Fernando Alonso, ganara la carrera, pero sus intentos fraudulentos fueron descubiertos y el equipo recibió una inhabilitación por dos años.

Para incrementar su ventaja en la adaptación, Red Bull busca de forma activa averiguar cómo los cambios en las reglas podrían beneficiar de forma desproporcionada el desempeño de su equipo. Esta es una adaptación relativa que busca explotar lo que sus competidores ignoran. Estas adaptaciones hacen lo que los competidores están más propensos o menos propensos a hacer (o a no hacer). Dado el ambiente más distendido, el equipo central de Adrian Newey, Rob Marshall (jefe de diseño) y Peter Prodromou (aerodinámica) trabajaron todos los ángulos y todas las posibilidades ofrecidas por las normas de diseño.

Este espacio de distensión importa. A la par del deseo de encontrar adaptaciones creativas, debe existir la convicción de que cuentan con la capacidad y que tendrán la oportunidad de hacerlas funcionar. Este espacio de distensión les permitió devolverse y encontrar lo que en el pasado funcionó en circunstancias similares. Lo que haya ocurrido *antes* es la fuente del aprendizaje; mientras más amplio sea su punto histórico de referencia, más posibilidades pueden ser tenidas en cuenta para encontrar la mejor de sus soluciones. La adaptación efectiva no se beneficia de una nueva obsesión si esta va a cegar al equipo en la búsqueda de otras opciones.

Red Bull incluso ha sido acusado de excederse en gastos por una cifra de 60 millones de dólares. Ellos niegan la acusación, pero sea cierta o no el debate nos sugiere las formas en que los equipos intentarán adaptarse. Ferrari sugirió que Red Bull le ha faltado al respeto a un equipo como el de ellos, que ha ganado 16 campeonatos. Pero es poco probable que demasiado respeto por las reglas y las tradiciones establecidas por el jugador dominante le ayuden a ganar al recién llegado.

A menudo, los juegos se ganan mucho antes de que sean jugados en público. A Ferrari le interesaría influir en las reglas del juego a su conveniencia, así como también en la interpretación, en su beneficio, de esas reglas. También sería algo natural que dentro del juego su más ilustre participante quisiera ganar aún más victorias. Por ejemplo, cuando ganan reciben 80 millones de dólares más que cualquier otro equipo triunfante.

La aerolínea Virgin se enfrentó a British Airways en las cortes para cambiar el juego y de forma deliberada hacer sentir incómodo a su más grande competidor. Era un astuto ejemplo de la comprensión del poder de las reglas con el fin de reunir fuerzas más poderosas que las del competidor. En años recientes Microsoft ha utilizado tácticas adaptativas similares para intentar que Google no avance tan rápido en el campo de los motores de búsqueda. Los intentos por involucrar a las autoridades antimonopolios podrían generar el suficiente ruido legal para distraer y, potencialmente, interrumpir al líder del mercado. El objetivo es comprar suficiente tiempo para adaptarse a un nivel superior y ganar algo de ventaja. Suficiente tiempo para poder encontrar la próxima gran innovación.

Si usted es el jugador más débil, debería entender las reglas y de forma deliberada y creativa descubrir cómo beneficiarse de ellas. Los jugadores más pequeños pueden usar la ley en contra de jugadores más grandes e, incluso, en contra de las convenciones que han nacido a lo largo del tiempo. La alternativa es la de aceptar la derrota o su puesto en el juego, incluso si no lo quiere, pues es incómodo y hasta miserable.

Regla 5

La estabilidad
es una ilusión peligrosa

"Nuestra reputación es nuestro activo más valioso", subraya el reporte de UBS. "Nuestra reputación", deja en claro el reporte, "se establece a final de cuentas por las acciones y decisiones que tomamos cada día". Y para restaurar y salvaguardar la valiosa reputación lanzaron una campaña global de imagen bajo el eslogan comercial "No descansaremos".

Muy poco se dijo de sus 65 000 empleados, a excepción de que eran 65 000. No se hizo ninguna mención sobre la flexibilidad o la adaptabilidad. Nada se dijo sobre la incertidumbre, el caos o el azar. Ni una sola palabra sobre el futuro y lo que se requería para adaptarse a las exigencias e influir sobre los acontecimientos. Y es una lástima, porque en septiembre de 2011 uno de los empleados de UBS hizo que la compañía perdiera 2500 millones de dólares.

En un primer momento, el director general corporativo, Oswald Grübel, tomó distancia de lo que había ocurrido. La mañana del 19 de septiembre de 2011 dijo: "Si me preguntan si me siento culpable, les diría que no". Pero el fraude había tenido lugar a lo largo de tres años, el mismo espacio de tiempo en que Grübel había estado a cargo. Era parte de un patrón de transacciones comerciales irresponsables que habían sido criticadas por el Gobierno suizo, que en 2008 había sacado a flote a UBS con un rescate financiero, y por su principal accionista, el Gobierno de Singapur, que se había mantenido leal durante la acumulación de grandes pérdidas.

Antes de que pasara una semana de aquella negación de culpabilidad, se produjo la renuncia de Oswald Grübel. El presidente de UBS, Kaspar Villiger, afirmó que el director general corporativo había renunciado porque quería asumir la responsabilidad por lo sucedido, pero se podría pensar que era todo lo contrario. El banco anunció que disminuiría drásticamente su sección de operaciones en la banca de inversión para así reducir los riesgos de manera permanente. Numerosos accionistas habían estado pidiendo exactamente esos cambios desde que se produjo el rescate financiero, pero fue necesario que se descubriera el fraude para convencer a UBS de que no tenía otra opción que adaptarse a las circunstancias.

La estabilidad que imperaba en la cima de la empresa parece haber persuadido a UBS de que podía evitar adaptarse, a pesar de lo que parecía ser una evidencia abrumadora de que aquellos cambios eran necesarios. Había sobrevivido la carga de más de 50 000 millones de dólares en deudas tóxicas, pero lo había logrado con estrategias para fortalecer la confianza pública y negar su vulnerabilidad, en lugar de crear estrategias de adaptación para trascender la situación coyuntural. Grübel había regresado de su retiro para tratar de salvar a UBS antes de retirarse de nuevo, esta vez mediante una carta de renuncia.

En 2009, el antecesor de Grübel en el cargo, Marcel Rohner, había renunciado solo un par de días después de hablar de la necesidad de restaurar "la confianza, la rentabilidad y la estabilidad". En aquel momento arguyó que la enorme experiencia de UBS les ayudaría a sus directivos a restaurar la confianza en el futuro. Por desgracia, fueron exactamente aquellos profundos y arraigados hábitos institucionales los que los metieron en la encrucijada y los que no les permitieron dilucidar una manera de salir de ella. No se puede escapar de los malos hábitos pensando a la vieja usanza. Rohner se había resistido a aceptar los cambios requeridos porque institucionalmente resultaba muy doloroso causar inestabilidad de forma deliberada.

A lo largo de la historia, la gente ha aguantado circunstancias increíblemente terribles. O para ser más precisos, muchas personas terminan atrapadas en situaciones increíblemente infortunadas. A pesar de sus esfuerzos denodados para mejorar el estado de las cosas, estas no cambian o incluso empeoran. Como resultado se sienten desdichados, nadie a su alrededor escapa a su infelicidad o insatisfacción por el papel que les corresponde.

Cada acción individual se ejecuta en busca de un provecho para un participante individual en el juego. Cada persona en un entorno o sistema hace lo que parece factible para producir el mejor resultado posible, pero sucede con frecuencia que la suma de todas aquellas acciones en su conjunto resulta como un fracaso. Y este resultado fallido del juego no solo se produce una vez y como consecuencia imprevista de decisiones tomadas por interés propio, sino que se repite una y otra vez, a veces durante generaciones enteras, sin que haya alguien verdaderamente capaz de escapar a la cadena del infortunio.

Por lo general, este deplorable equilibrio continúa hasta que alguien puede efectuar un cambio en las acciones más allá de una lógica inmediata y encaminarlas hacia una renovación. Esto puede suceder de manera accidental, con un evento no planificado que afecta de manera discordante las circunstancias de tal modo que las personas actúen unas con otras de manera bastante diferente. También puede ocurrir de manera deliberada, si existe una comprensión profunda del juego, lo que permite que alguien altere la estructura y las secuencias del juego.

Incluso cuando existe una comprensión profunda del juego es preciso que esta comprensión también resida en la mente de un participante que esté en la posición apropiada para tomar algunas de las acciones necesarias. Se requiere que haya alguien lo suficientemente involucrado en la situación para dar vía libre a una cadena de acontecimientos. Desde el interior, estos acontecimientos pueden interrumpir un sistema de deficiente adaptación. Es así como se pueden trascender los perjudiciales patrones históricos que habían parecido inescapables.

El área de la ciencia que inspecciona más de cerca los problemas de esta índole es la teoría de juegos. Esta teoría considera todas las relaciones y transacciones entre individuos y entre grupos como una manera de juego. No un juego que se emprende por diversión, sino más bien una serie de relaciones que incluyen movimientos o acciones por parte de todos los jugadores. Y un juego que conduce a ciertos resultados y a diversos niveles de victorias y derrotas.

El primer trabajo significativo en lo referente a la teoría de juegos comenzó en los años veinte del siglo pasado, con una serie de estudios publicados por Émile Borel. Lo que escribió no fue muy extenso, pero terminaría por tener una gran influencia. Sus escritos incluyen su ahora célebre disquisición teórica sobre la capacidad de escribir las obras de Shakespeare por parte de un número infinito de monos, si se les da el tiempo suficiente para pulsar teclas al azar en un número infinito de máquinas de escribir.

Su trabajo presentaba múltiples deficiencias, pero atrajo la atención de otros investigadores que se inspiraron para llevarla más lejos. Entre sus más prominentes seguidores se encontraba John Von Neumann, un matemático nacido en Hungría en 1903. A los seis años de edad, Von Neumann era capaz de intercambiar bromas con su padre en griego clásico, a los 22 recibió su doctorado en matemáticas y en los siguientes tres años publicó 32 investigaciones relevantes, a razón de una por mes.

Uno de los estudios que realizó fue sobre los llamados juegos de suma cero, en los cuales existe una cantidad limitada que se puede ganar o perder, contando con información perfecta, y con todos los participantes al tanto de lo que todos los demás han hecho. Von Neumann demostró que en juegos de este tipo existen un par de estrategias que permiten a todos los jugadores minimizar sus pérdidas máximas. Estas estrategias fueron descritas como óptimas, a pesar de que los resultados en el mundo real pueden ser mutuamente nocivos y poco atractivos.

El más clásico de estos juegos era el llamado dilema del prisionero. Consiste en que dos prisioneros están confinados en recintos separados. Cada prisionero debe elegir entre mantener silencio o confesar y acusar al otro prisionero. Si ambos prisioneros callan recibirán por sentencia un año de cárcel. Si uno confiesa y el otro no, el que ha confesado será puesto en libertad, mientras que el otro prisionero se quedará encerrado 20 años. Pero si ambos confiesan, los dos serán condenados a cinco años de cárcel. El más probable resultado es que los dos confiesen, a menos de que ambos tengan absoluta confianza en el otro prisionero, tanta confianza como para arriesgarse a pasar 15 años adicionales encerrado en una celda, mientras el otro queda libre de inmediato.

A partir de los años cincuenta, la teoría de juegos fue expandida por numerosos académicos y aplicada a diferentes tipos de problemas en muchos campos de estudio, tanto prácticos como teóricos. Estos han abarcado desde juegos de cooperación, donde ambos grupos tratan de llegar a un acuerdo para encontrar el compromiso óptimo, hasta juegos de no cooperación, en los cuales el propósito es derrotar al otro grupo.

No sorprende entonces que se le concediera considerable atención a la teoría de juegos en el campo de la estrategia militar. Su atractivo radicaba en que esta teoría proporcionaría innumerables victorias a aquellos que mejor la entendieran, al tiempo que asestaría incontables derrotas a aquellos que no captaran sus entresijos y complejidades. Se pensaba que los Estados Unidos se las ingeniarían para salirle adelante a la Unión Soviética con la ayuda de genios de la matemática del Viejo Continente. Con la teoría de juegos, sumada a las armas nucleares, conseguiría mantener su condición de superpotencia por encima de todos sus enemigos.

No obstante, se presentaban limitaciones a la efectividad de la teoría de juegos aplicada de esta manera. Para empezar, los conflictos internacionales no constituyen juegos de suma constante con una cantidad fija que pueda ser ganada o perdida. Por el contrario, son juegos de suma variable en los que se puede ganar más cuando todos los lados eligen ciertas opciones. El académico estadounidense Thomas Schelling recibió el Premio Nobel de Economía en 2005 por señalar a lo largo de los años que puede existir un interés común en la cooperación, incluso en el caso de juegos que comienzan de forma no cooperativa.

Ganar no es solo una cuestión de derrotar al enemigo dándole muerte o destruyendo su armamento. Ganar no es solo una cuestión de ser el último hombre en pie cuando los demás han caído abatidos. O ni siquiera reír de último. Ganar puede ser así mismo un juego de adaptación: un proceso de negociación por medio del cual todas las partes involucradas pueden construir un futuro mejor.

Como señala Schelling, una huelga de trabajadores exitosa no es aquella que arruina al empleador, ni una guerra exitosa es aquella que destruye la paz, la riqueza de una nación o las vidas de jóvenes valientes. En su concepto, las huelgas y guerras más exitosas podrían ser aquellas que nunca tienen lugar. Y si esto es cierto para los conflictos industriales y militares, también podría ser cierto para muchos otros juegos mutuamente destructivos en la sociedad, los negocios y la política. Todos ellos están abiertos a la posibilidad de aplicar estrategias que cambien el sentido del juego.

En el mundo real hay que considerar un gran número de dificultades con los juegos. Muy pocas veces se cuenta con información perfecta sobre las elecciones que los demás van a hacer, de modo que cada persona debe adivinar lo que podría suceder.

Es así como las personas pueden equivocarse con sus elecciones, haciendo suposiciones incorrectas sobre las acciones y motivos de los otros. Igualmente, la disposición a elegir opciones que, de hecho, desembocan en el mejor resultado posible podría estar restringida por prejuicios, hábitos u odio.

Incluso cuando se presenta una situación que es deplorable para todos los involucrados, es factible que uno de los grupos (o todos) no reconozcan la alternativa de una situación preferible. O bien, a pesar de reconocer la oportunidad de llegar a algo mejor, pueden estar renuentes a actuar porque no confían en los otros grupos, o no quieren ayudarles. También puede ocurrir que el resto del grupo sea incapaz de entender lo que sería necesario para moldear un mejor futuro, o simplemente incapaz de salirse de los patrones destructivos de comportamiento.

Si cualquiera de las partes asume una actitud irracional, entonces las acciones racionales que tome cualquiera de las otras partes se convierten en menos probables y quizás riesgosas. Cuando la situación se encuentra en un grado de equilibrio destructivo y deplorable, la esperanza es que de alguna manera la otra parte pueda ser coaccionada, manipulada o seducida para entablar relaciones de cooperación. Esto puede ocurrir cuando se intenta sobornar a los otros grupos, amenazarlos o hacerles ver que es preferible no entrar en una dinámica destructiva, pero rara vez ha sido suficiente para sobreponerse a las causas fundamentales de la no cooperación.

Estos puntos muertos o estancamientos irracionales por regla general no pueden superarse simplemente diciendo que son irracionales. No solo esto puede ser tomado por la otra parte como una declaración insultante, sino que, por otro lado, si la acusación es acertada, no podría ser plenamente entendida, aceptada o abordada para intervenir, justamente por la irracionalidad de la otra parte. Son incapaces de actuar de manera sensata, no necesariamente en todos los campos y en todos los asuntos, pero sí en aquella cuestión en particular del equilibrio deplorable. Los afecta una ceguera, o al menos una ceguera parcial, hacia todas las estrategias que no estén basadas en algo diferente a la mutua antipatía y la mutua desconfianza. Rehúsan tener una visión más amplia.

El conflicto palestino-israelí es uno de los ejemplos más notables de un juego, por así llamarlo, en el que dos grupos no pueden llegar a un acuerdo para mejorar una situación desdichada. En el curso de los pasados 68 años se han presentado entre 51 000 y 92 000 muertes violentas a causa de acciones militares emprendidas por las dos partes.

Uno de los cálculos que se ha difundido sobre cuál ha sido el costo total de este conflicto para la comunidad internacional es de 12 000 millones de dólares en aportes directos, principalmente a Israel, sumado a las consecuencias en términos de la creciente inestabilidad. Esta misma cifra indica que el ciudadano promedio de Israel estaría recibiendo en estos momentos casi el doble de ingresos si imperara la paz.

En el 2004, casi el 60 % de los israelíes y más del 50 % de los palestinos apoyaban el tratado de paz presentado por el presidente Bill Clinton. Los acuerdos de Camp David incrementaron su popularidad inmediatamente después de la muerte del líder palestino Yasser Arafat, lo que supuso un aumento del optimismo y la moderación. En 2011, los porcentajes se habían reducido a un 52 % de israelíes y solo un 40 % de palestinos.

Los acontecimientos que han tenido lugar desde 2004 han disminuido el grado de apoyo a un proceso de paz. O las partes han incurrido en un autosabotaje siguiendo un impulso autodestructivo para no acceder a una mejor situación, o bien han caído en el sabotaje de una minoría de extremistas que no desean una solución pacífica. Han trascendido acusaciones de que el Gobierno israelí ha utilizado formatos de la teoría de juegos para eludir la paz, ya que una ausencia de conflicto reduciría el alcance de su influencia.

En 2005, Robert Aumann se convirtió en la octava persona en recibir el Premio Nobel en Ciencias Económicas por investigaciones sobre la teoría de juegos. Aumann es un residente de Jerusalén y ha explicado que la escuela de pensamiento que se ha desarrollado de manera específica en Israel en torno a esta teoría fue la que le proporcionó la base para sus hallazgos. Hay quienes han afirmado que la utilización de la teoría de juegos ha prolongado el conflicto al emplear, de manera deliberada, la provocación con el fin de destruir la confianza necesaria para alcanzar una solución pacífica.

La teoría de juegos puede ser una manera tan irracional, destructiva o limitada para llegar a una decisión como cualquier otra. Partir de la suposición de que la paz es imposible, por ejemplo, introduce un prejuicio que excluye ciertas acciones. Se incurre en un intento de perpetuar el *statu quo* por miedo a un futuro peor. Y, sin embargo, el miedo impide tomar acciones que podrían resultar en un mejor futuro. Por otra parte, la apariencia de que se está actuando de forma racional disuade a los participantes de examinar la irracionalidad de ciertas acciones, sean cuales fueren sus consecuencias.

Existen hermosos teoremas con consecuencias potencialmente nefastas, así como estrategias que se eligen de manera deliberada para forzar a que el juego se sitúe en un retroceso permanente e ineludible. Este es el caso cuando algunos participantes en el juego político actúan independientemente de su propio electorado para tratar de que se mantenga todo tal como está. El resultado es una estabilidad a un precio terrible, un precio que no se puede sostener indefinidamente.

Se sospecha que en el caso del conflicto árabe-israelí, de manera deliberada, se plantea la solución de los dos Estados en el marco de una serie de precondiciones interminables, hasta el punto de que pasa a ser fácil sabotear cualquier acuerdo. Y, no obstante, de no contar con un acuerdo tangible, el resultado final podría ser el de un único Estado con mayoría árabe, debido a su índice de natalidad más alto. Y llegados a ese punto, los arquitectos del conflicto prolongado se verán obligados a elegir entre alcanzar una igualdad democrática por medio de la reconciliación o arriesgarse a una guerra civil imposible de ganar.

Trascender los límites inmediatos de este tipo de juegos deplorables para adentrarse en otro que se juegue con reglas que beneficien a todos los grupos es posible. Pero requiere un comportamiento que es contraintuitivo, particularmente para aquellos que están empeñados en una sola manera de pensar y están rodeados de otros que parecen igualmente inflexibles en sus patrones de comportamiento.

Von Neumann demostró lo relativamente fácil que era que, aun en el caso de personas con preferencias en su manera de vivir relativamente pequeñas, pudiese conducir a comunidades radicalmente segregadas. Con el tiempo, estas preferencias pueden hacerse más peligrosas a medida que los intereses mutuos de los grupos segregados parecen divergir. Cuando parece ser natural que un grupo prospere a costa del fracaso de otro, pueden ocurrir grandes injusticias. Aquellos que están empeñados en un juego de perdedores y ganadores pueden terminar atrapados.

"Adaptarse o morir", exhortó el presidente Botha a los sudafricanos blancos en 1979. Pero habrían de pasar otros quince años hasta que aquella adaptación empezara a trascender el pasado de una sociedad tan afectada. Requeriría tomar acciones que fuesen más allá del interés propio inmediato y racional para conseguir transformar el deplorable equilibrio que existía en uno de los éxitos más inesperados en la historia.

El presidente de Sudáfrica en ese entonces reconoció la necesidad de adaptarse, pero deseaba hacerlo para preservar la superioridad de los blancos en lugar de cambiar para todo el país la naturaleza del juego.

En Sudáfrica, el *apartheid* dejó atrapado a un país entero en un juego de grandes pérdidas durante más de 45 años. La desigualdad racial había existido desde mucho antes, pero fue afianzándose cada vez más con la instauración y aplicación de leyes a medida que las reformas agrícolas y la industrialización fueron aumentando la competencia por empleos, primero en las áreas rurales y luego en las ciudades. En 1905 se eliminó el derecho al voto para toda la población negra y se le confinó a vivir en áreas específicas. En 1910, a los blancos se les otorgó completo control político sobre las personas de todas las demás razas. En 1927, a los negros se les prohibió ejercer oficios calificados.

Durante la Segunda Guerra Mundial, el United Party, liderado por Jan Smut y con el apoyo de la población india y de raza mixta, hizo tentativas para evitar la rígida segregación que imponía el Gobierno. No obstante, estas reformas fueron revocadas por aquellos que temían que una integración racial les permitiría a los negros competir, en igualdad de condiciones, por empleos y actividades económicas.

La tristemente célebre Comisión Sauer aseguró que era necesaria una separación de razas más estricta para evitar una pérdida de identidad de todos los grupos raciales. En 1948 esta comisión formuló leyes que dividieron al país en trece naciones separadas, forzando a la gente a vivir en áreas definidas por razas. Se expidieron tarjetas de identidad a todas las personas mayores de 18 años, en las cuales se especificaba el grupo racial al que pertenecían, lo cual era determinado por equipos oficiales del Gobierno. El matrimonio o incluso las relaciones sexuales entre personas de grupos diferentes pasaron a ser ilegales. Se estableció la discriminación racial como un requisito para los empleadores.

En 1970 se le retiró oficialmente la ciudadanía a la población negra de Sudáfrica. Todos los cambios efectuados tenían la intención de mantener la estabilidad, al tiempo que garantizaban una supremacía política y económica para la minoría blanca.

Se ha asegurado que las políticas del *apartheid* se fueron adaptando a la par con los incentivos económicos de los blancos. Cuando estos eran en su mayoría trabajadores sin un capital considerable, apoyaban la segregación. A medida que adquirían mayor capital y destrezas de nivel más avanzado, su apoyo viraba hacia una postura anti-*apartheid*. Para los blancos había pasado a ser más atractivo contar con destrezas, al tiempo que como élite se podían beneficiar de una economía revigorizada.

Tal explicación está bien a título informativo, pero en realidad no explica por qué el *apartheid* llegó a ser tan extremo, tan mezquino y tan vengativo. Tampoco aclara en mayor medida por qué razón el *apartheid* se mantuvo tanto tiempo después de ser contraproducente económicamente para los blancos. Ni explica de qué manera el juego cambió en un momento dado.

Un grado de presión significativo para que se efectuaran reformas empezó a darse desde mediados de los años ochenta, por la misma época en que se establecieron las sanciones económicas y deportivas. Los blancos también experimentaban una especie de bochorno social por el hecho de que Sudáfrica siguiera limitando las libertades décadas después del movimiento por los derechos civiles en los Estados Unidos e iniciativas similares en otros sitios. Resultaba factible evadir algunas de las consecuencias económicas de las sanciones internacionales, pero mucho más difícil era evitar el mortificante estigma que las acompañaba.

A pesar de la presión del exterior, el Gobierno sudafricano se mostró aún más obstinado. Con el objetivo de preservar la identidad propia siguió una serie de políticas que resultaban autodestructivas. Este es un caso bastante común de adaptación deficiente: defender lo indefendible para preservar un juego intrínsecamente viciado, por medio de acciones que resultan aún más perjudiciales. Lo que sobreviene después del colapso de una situación que se había mantenido tercamente puede variar de consecuencias leves a drásticas, de catastróficas a trascendentes.

El endurecimiento de la posición de la minoría sudafricana equivalía a un intento de adaptarse para poder sobrevivir, pero sin contar con la imaginación necesaria para trascender. En lugar de trabajar conjuntamente, se recurría a una serie incesante de retaliaciones. La opresión causaba levantamientos, que eran reprimidos de forma brutal, lo que generaba respaldo para la resistencia armada, lo que a su vez llevaba al Ejército a efectuar incursiones transfronterizas.

En numerosas ocasiones la situación parecía haber entrado en una espiral mortífera, dentro de la cual cada una de las partes pensaba que estaría dispuesta a cooperar si la otra parte tuviera la misma disposición. A partir de los años ochenta, el Gobierno pasó a ser liderado por Pieter Willem Botha, quien tenía entre sus consejeros a Samuel Huntington, un connotado politólogo estadounidense. Huntington argüía que llevar a cabo las inevitables reformas instigaría la violencia. Para preservar la estabilidad, el Gobierno tenía que instaurar un poderoso sistema de seguridad estatal que empleara los medios que fuesen necesarios. Estos medios incluían la violencia, la tortura, la duplicidad, el engaño, conjeturas erróneas y ceguera intencional. Utilizar de este modo la ciencia política se convirtió en una barrera para explorar maneras más creativas de desmantelar el *apartheid*. Lo que hizo fue poner en marcha una escalada de represión deliberada para aplastar los cambios políticos y culturales que iban emergiendo.

Hacia 1985, el Congreso Nacional Africano (CNA) se propuso volver ingobernables los municipios negros. Sus seguidores se tomaron los concejos municipales y empezaron a atacar a todas las personas acusadas de trabajar para el Gobierno. Utilizaban bombas incendiarias, palizas y "collares de fuego" (un suplicio casi siempre mortal, que consistía en colocar alrededor del cuello un neumático viejo, rociarla en combustible y encenderla). Recurriendo a los poderes de emergencia se suspendió todo tipo de debate, y en la ausencia de un debate legítimo lo que sobrevino no fue la estabilidad que se esperaba, sino una resistencia aún más extrema.

El líder del CNA, Nelson Mandela, había estado en prisión desde 1964. Estaba encerrado en la isla Robben, cerca de la costa de El Cabo. Inicialmente el presidente Botha lo denunció, pero luego lo hizo trasladar a una prisión en tierra firme. Se le permitió recibir visitantes, incluyendo a periodistas extranjeros. A Mandela se le ofreció la excarcelación después de 21 años con la condición de que renunciara a la violencia, pero rechazó el ofrecimiento en una declaración escrita en la que sostenía que la violencia era producto de las políticas gubernamentales y que dejaría de ser necesaria cuando se estableciera una democracia plena.

En 1989 Botha fue reemplazado por Frederik Willem de Klerk, quien anunció la liberación de Mandela y el levantamiento de la prohibición del CNA, apenas seis meses después de ser designado presidente. A pesar de una campaña política muy conservadora, optó por liderar a los *verligte* –los ilustrados– dentro de su partido. Abrió negociaciones con el CNA para establecer un futuro no racista.

Antes de que transcurrieran cuatro años, se llevaron a cabo elecciones libres con la participación de todas las razas. De Clerk sirvió como vicepresidente en un Gobierno de unidad nacional durante dos años y luego se retiró de la política. Más adelante afirmaría que en Sudáfrica se había restaurado la estabilidad. Se trataba de una estabilidad que había resultado posible haciendo enormes cambios para permitir que el país continuara desarrollándose.

Se suponía que iba a ser un desafío difícil. Equipos de *hackers* y matemáticos se inscribieron en un torneo de computación basado en el trabajo sobre cooperación a través de la evolución, desarrollado por el politólogo estadounidense Robert Axelrod. Los desafíos difíciles son por naturaleza complejos, de modo que se esperaba que las soluciones al desafío fuesen largas y complicadas.

Axelrod había organizado el torneo para que otros académicos, así como científicos de computación, exploraran alternativas sobre la mejor manera de cooperar y competir. El anuncio del torneo y sus reglas fueron publicados en una revista académica que invitaba a los participantes a enviar por correo sus mejores soluciones.

Se les pedía que pensaran en la manera más efectiva de resolver el dilema del prisionero, si a cada prisionero se le permiten 200 intentos de decidir si va a desertar o va a guardar lealtad al otro prisionero. Cada prisionero se enteraría de lo que el otro había decidido, solamente después de haber tomado la decisión una primera vez; en ese momento pueden decidir si cambian de opinión o siguen jugando como antes. Pueden elegir desertar todas las veces, guardar lealtad todas las veces, pasar aleatoriamente de la deserción a la lealtad o basar sus acciones en las acciones del otro prisionero.

Para sorpresa de todos, la propuesta ganadora solo tenía cuatro líneas de código y había sido enviada por un profesor de psicología, Anatol Rapoport. Cada línea contenía una regla. Y esas cuatro líneas eran notablemente efectivas para alentar a la cooperación. Siguen una estrategia de "pagar con la misma moneda", en la cual el participante en el juego va a cooperar con el otro o a castigarlo en respuesta directa a la acción previa del oponente.

El pasado es importante, pero solo el pasado inmediato. No importa lo que ha ocurrido en el movimiento previo al anterior o en el previo a ese, pues cada jugador olvida el pasado. La única acción que importa es la que acaba de ser completada. Como resultado, al oponente siempre le convendrá cooperar, independientemente de la historia previa de castigos.

La primera regla: a menos que reciba una provocación, el jugador siempre va a cooperar. La segunda regla: si el jugador es provocado, tomará represalias. La tercera regla: el jugador perdona velozmente. Y la cuarta regla: el jugador tiene una buena probabilidad de competir contra el mismo oponente más de una vez.

Anatol Rapoport era un entusiasta activista antibélico y pacifista. Había creado su solución al desafío del computador para demostrar maneras simples en que los jugadores pueden aprender a adoptar la cooperación en lugar del conflicto. Su experiencia en la Segunda Guerra Mundial lo motivó a dedicar sus mayores esfuerzos a establecer la legitimidad de los estudios para la paz. Su objetivo era "dar muerte a la institución de la guerra" poniendo en evidencia los beneficios de las dinámicas de cooperación.

En la transición de la prisión a la presidencia, Mandela demostró que el perdón supera la estrategia de "pagar con la misma moneda". Al dejar atrás el pasado, podía tratar con sus oponentes sobre la base de lo que hacían, en lugar de lo que habían hecho en el pasado. De Clerk había mostrado una respuesta similar al liberar de la cárcel a Mandela; funcionaba sobre la base de lo que acababa de ocurrir, el movimiento previo. De tal manera liberó sus acciones.

Numerosos investigadores opinan que estas reglas sencillas de amabilidad, disponibilidad, transparencia y perdón podrían ofrecer claves sobre cómo las sociedades humanas funcionan de forma cooperativa. En las sociedades sanas, las personas aprenden rápidamente a trabajar con alguien más sobre la base de los eventos más recientes. Un mal comportamiento es castigado consecuentemente y de una manera proporcionada antes de empezar de cero.

No es el castigo lo interesante en el juego. Lo que resulta particularmente instructivo es más bien la manera en que el perdón permite que el juego recomience. Si no se presenta el perdón, el juego debe continuar como una ronda de castigos y en el mundo real estos castigos probablemente aumentarían con el paso del tiempo. Perdonar es una regla que opera en forma desfasada y permite que cambie el juego.

La adaptación exitosa depende de la cooperación tanto como de la competencia; por lo general es más lo que se puede ganar cooperando que compitiendo. Esto es particularmente cierto si la competencia es destructiva, dado que le quita valor al juego que se está jugando. Usted gana, pero también pierde. La mejor adaptación a largo plazo es trabajar de nuevo juntos, independiente de las acciones previas.

La naturaleza humana ha integrado la capacidad de perdonar en cierto nivel y entre ciertas personas. Al parecer hemos conseguido que evolucione la capacidad de ser amables, incluso cuando ello no favorece nuestro beneficio a corto plazo. En los casos en que funciona, la memoria cultural heredada está en condiciones de mirar hacia el futuro, basándose en la experiencia a muy largo plazo. Es algo que le indica a la mayoría de las personas, casi siempre, que un grado de "toma y daca" es necesario para no deslizarnos hacia un sangriento y vengativo infierno en la tierra.

Los diseñadores de videojuegos profundizan en la teoría de juegos y le dan un sentido práctico, pues lo que pretenden es imitar la realidad en los aspectos más interesantes posibles, para así crear mundos de fantasía con una mecánica de acción que atraiga jugadores. Para evitar que una sola estrategia dominante eche a perder el juego, le agregan unos cuantos detalles que lo hace más emocionante.

Una manera de hacerlo es utilizar movimientos intransitivos, como en el juego "Piedra, papel y tijeras", en el que no existe una sola estrategia que gane siempre, pues cada uno de los elementos puede ser derrotado y cada uno puede derrotar a otro elemento. Un movimiento está relacionado con otro movimiento, que a su vez está relacionado con el movimiento original. Esta naturaleza intransitiva obliga a los jugadores a hacer movimientos más matizados.

Así describe un diseñador de juegos una variante: "Pensemos en un juego en el que un tipo de unidades tiene la capacidad de hacer ataques de largo alcance, que son derrotados por un atacante de corto alcance que puede hacerse invisible; este, a su vez, es derrotado por un atacante de mediano alcance dotado de un radar que revela las unidades invisibles; y el atacante de mediano alcance, por supuesto, está en inferioridad de fuerzas con el de largo alcance".

En 1999, David Meyer, el padre de la teoría cuántica de juegos, sugirió que los juegos con reglas cuánticas serían muy diferentes de los que se juegan con las reglas tradicionales. Meyer cuenta una historia basada en la serie televisiva de ciencia ficción *Viaje a las estrellas,* con el personaje del capitán Picard, interpretado por el calvo y amable Patrick Stewart. Nuestro intrépido capitán recibe la visita de Q, un todopoderoso extraterrestre, quien amenaza con destruir la nave espacial. En este punto se da un experimento diseñado para mostrar las estrategias cuánticas.

La única manera de salvar a su tripulación es evitando perder un juego de cara y sello que se juega con un electrón. El electrón estará ya sea con el espín apuntando hacia arriba o apuntando hacia abajo, sin que el capitán pueda verlo. Picard simplemente tiene que tratar de adivinar varias veces. El capitán decide elegir el espín apuntando hacia arriba y hacer que el electrón vuelva a girar. De esta manera va a ganar con tanta frecuencia como va a perder.

Lo que Picard no sabe es que el electrón puede estar con el espín apuntando hacia arriba y apuntando hacia abajo al mismo tiempo, superpuesto. Ocultan el electrón en una caja con el espín apuntando hacia

abajo. Q emplea su primer turno para colocar el electrón en una superposición. Picard hace un movimiento totalmente inefectivo al hacer
girar el electrón. Y luego Q hace su movimiento regresando el electrón
a su posición original, que será siempre con el espín apuntando hacia
abajo.

Utilizar estas reglas significa que Q va a ganar cada uno de los juegos
porque el electrón se encuentra siempre en dos posiciones al mismo
tiempo. Esto implica que los intentos de Picard de cambiar la situación
no tienen ningún efecto porque de todos modos el electrón queda en
dos posiciones. Y Meyer, quien ha sido descrito por algunos como el
padre de las estrategias cuánticas, sugiere la superioridad potencial de
un juego que se desarrolla con reglas cuánticas que trascienden las limitaciones de los juegos tradicionales.

De una manera que Einstein describió como "escalofriante", la mecánica cuántica ha revelado cómo las partículas y hasta los objetos pueden
vincularse. Incluso cuando se encuentran a gran distancia, se ha demos-
trado que ciertos objetos pueden tener una conexión de información
que opera miles de veces más veloz que la luz.

Parece probable que a un nivel molecular la naturaleza ha tomado
ventaja con juegos de adaptación y supervivencia. A un nivel superior,
cada uno de los movimientos en un juego comunica información que
cambia la naturaleza de los movimientos subsecuentes. Incluso cuando
no se hace nada, existe intención. Incluso cuando no hay una manera
obvia en que la intención sea comunicada a otros jugadores dentro del
sistema o la sociedad, existe un efecto.

Los juegos cuánticos son aquellos en los cuales los movimientos individuales están vinculados de tal manera que ya no son independientes.
Pasa a ser imposible que se efectúe un movimiento sin que tenga una

consecuencia para los otros movimientos. Esto es cierto, incluso si no se trata de una consecuencia consciente de parte de otro jugador.

Los juegos de problema, como la cultura de expansión extravagantemente arriesgada del banco UBS o el conflicto palestino-israelí, pueden ser trascendidos por medio de lo que aparentan ser movimientos fuera de turno. Estos movimientos son inesperados y remedian la falta de movimientos de los otros participantes en el juego, instándolos a hacer movimientos de cooperación. Y estos resultan más probables cuando alguien está lo suficientemente sensibilizado a las necesidades y temores de los otros.

Si usted quiere ser radical, entonces escuche a las otras personas. La capacidad de comprender las posturas de otros puede desarrollar la adaptación que se requiere para cambiar la forma en que se lleva a cabo un juego. Cuando Mandela estaba en prisión fue capaz de trascender sus circunstancias, con una habilidad para comprender la postura de sus oponentes y de anticiparse a los hechos. Cuando afirmaba que la mejor manera de vencer a un enemigo era hacerlo tu amigo, estaba explicando cómo en ese juego particular resultó ser más listo.

Estos ejemplos sugieren el peligro de aferrarse a la estabilidad a todo costo. Para UBS llegó a ser casi imposible aceptar la necesidad de ser una entidad más pequeña y menos compleja a corto plazo. Inclusive después de admitir deudas tóxicas por más de 50 000 millones de dólares, fue preciso que perdiera otros 2500 millones a causa del fraude y que tuviera que prescindir de su gerente general para que finalmente esos cambios fueran considerados seriamente.

Para Israel y Palestina ha llegado a ser casi imposible trascender el sabotaje de los grupos extremistas y de la lógica de la expansión unilateral. Incluso después de decenas de miles de muertes y de un costo directo

para los israelíes de más de un billón de dólares, hasta la fecha siguen
siendo incapaces de entender la naturaleza de la adaptación requerida,
o bien incapaces de hacer que tengan lugar esas adaptaciones.

Por otro lado, en Sudáfrica se encontró una manera de cambiar el punto central del juego para permitir a los jugadores de todos los bandos
elegir entre diferentes desempeños. Comportamientos inesperados de
parte de varias personas y grupos involucrados alteraron el rumbo del
destructivo juego del *apartheid*. Se sacrificó la estabilidad de las acciones
para encaminar a grupos significativos de la sociedad hacia un nuevo
sitio, no uno perfecto, pero sí uno en el cual fue posible establecer la
democracia sin enfrentarse en una guerra. El peligro que puede con-
llevar la estabilidad a toda costa se evitó al dejar de creer en la ilusión
de la estabilidad.

Regla 6

Los estúpidos sobreviven hasta que los inteligentes triunfan

"Nos equivocamos, nos equivocamos terriblemente", escribió Robert McNamara 30 años después de que terminara la guerra de Vietnam con la caída de Saigón. "Nos equivocamos", expresó John Doerr, el Michael Jordan del capital de riesgo, admitiendo así su error al rechazar la oportunidad que se le ofrecía de invertir en Twitter. "Nos equivocamos", explicó Edgar Bronfman, jefe de Warner Music, aceptando el error de enfrascarse en una guerra con los consumidores. "Nos equivocamos", exclamó Ofra Strauss, presidenta de una de las más grandes productoras de lácteos mientras confesaba que la competencia le estaba causando problemas.

Es difícil decir que uno está equivocado. El reto es darse cuenta de qué es lo que anda mal antes de que sea demasiado tarde para poder arreglarlo, y antes de que las consecuencias no planeadas de una decisión equivocada se vuelvan indeseables e inmanejables. No obstante, por muchas y variadas razones, nos parece difícil como individuos ver nuestros errores una vez se está comprometido con un determinado curso de la acción. Y puede resultar incluso más difícil si hemos tomado la decisión equivocada junto con otras personas con las que compartimos las mismas inclinaciones y el mismo interés personal en no ver nuestros errores.

En 1958, Pedro Bach-y-Rita sufrió un grave derrame cerebral y colapsó. Tenía 65 años de edad y era profesor de español en la City University en Nueva York. El daño en el cerebro del profesor Bach-y-Rita era enorme. Una alteración en el suministro de sangre destruyó partes de la funcionalidad de su cerebro. Después del derrame, a duras penas podía hablar o moverse; su rostro estaba paralizado al igual que la mitad del cuerpo.

Incapaz de valerse por sí mismo, sus médicos lo confinaron a una silla de ruedas. Los pronósticos no dejaban lugar a la esperanza. A sus hijos, uno médico, Paul, y el otro, George, quien todavía estaba en la escuela de medicina, se les dijo que no había nada que pudiera hacerse por su padre. El daño sufrido por el cerebro no podía ser reparado y no sanaría.

El plan original era iniciar la rehabilitación en el Hospital Americano Británico en México. Después de cuatro semanas, todavía era incapaz de moverse. El tratamiento terminó en ese punto porque no se creía que una rehabilitación a largo plazo produciría mejoras en los que habían sufrido un derrame. George lo trajo de vuelta a casa y concluyó que todavía había progresos por hacer.

Decidió que le enseñarían a gatear a su padre, basándose en la manera en que aprenden los bebés. Le explicó a su padre cómo empezarían todo desde el principio. Le compraron rodilleras y por espacio de varios meses lo hicieron gatear apoyándose en una pared. De allí pasó a gatear en el jardín, lo que causó la desaprobación de los vecinos, quienes sentían que aquello era indecoroso.

Empezaron a jugar juegos, hacían rodar canicas para que él las agarrara, o le arrojaban monedas al suelo para que él las recogiera. Gradualmente, comenzó a mejorar. Aprendió a sentarse y a comer. Pasó de gatear a avanzar de rodillas. Aprendió a ponerse de pie y a caminar sin ayuda. Después de tres meses de práctica, empezó a recobrar las palabras. Y unos pocos meses después comenzó a escribir a máquina.

En un lapso de 12 meses el profesor estaba de vuelta enseñando de tiempo completo en su antiguo trabajo en el City College. Allí permaneció hasta su retiro, a la edad de 70 años, y luego consiguió otro trabajo en San Francisco y se casó nuevamente. Siete años después, escaló una montaña en Colombia, sufrió un ataque al corazón a 3000 metros de altura y murió a los 72 años.

La historia de por sí resulta extraordinaria como ejemplo de la adaptabilidad humana, pero los resultados de la autopsia revelaron mucho más. El daño sufrido por el cerebro de Pedro había sido mucho más extenso de lo que se pensaba. Y las lesiones no habían sanado. El 97 % de los nervios que conectan la columna con la corteza cerebral habían sido destruidos.

Su cerebro había encontrado una manera de adaptarse. Se había reorganizado para cambiar la función de las partes y reemplazar la funcionalidad de las partes dañadas. El trabajo constante con George le había dado a su cerebro los impulsos necesarios para usar tejidos existentes de nuevas formas. Hecho este descubrimiento, Paul regresó a la práctica médica, recibió una nueva formación y dedicó su vida laboral a comprender mejor cómo estimular la adaptabilidad natural del cerebro.

Esta área de estudio no era completamente nueva; la idea apareció inicialmente en 1890 gracias a un psicólogo llamado William James, pero fue ignorada casi por completo durante 50 años. Hubo que esperar por un nombre hasta que en la década de 1950 el neurocientífico Jerzy Knorski acuñó el término "plasticidad neural". Hasta la década de 1970 la percepción que predominaba era que el sistema nervioso, incluidas las funciones cerebrales, era estático. El cerebro no podía repararse a sí mismo y no lo podían reparar. Fue únicamente después del trabajo de científicos como Paul Bach-y-Rita cuando cambió el punto de vista mayoritario.

Demostró que partes del cerebro que usualmente realizan una función pueden ser reentrenadas para realizar algo completamente diferente. En una demostración, imágenes de una cámara de video instalada sobre la cabeza son enviadas a la lengua de un voluntario que tiene los ojos cubiertos. La cámara envía suficiente información visual como para permitir a las personas atrapar pelotas que son echadas a rodar hacia ellas. No pueden ver a través de sus ojos. Pueden "ver" a través de su cerebro y no importa si es el ojo o una cámara el que envía la información.

Bach-y-Rita propuso un ciclo de vida de plasticidad en el que el progreso visible para adaptarse se hace lento, mientras que el progreso invisible y profundo para adaptar las conexiones del cerebro continúa. La falta de progreso tienta a los terapistas y a los pacientes a detener los esfuerzos de rehabilitación exactamente en el punto en que cerebro y cuerpo necesitan ser estimulados. Personas que han sufrido lesiones graves a causa de un derrame, y a quienes con anterioridad se les ha catalogado como personas a las que ya no se les puede ayudar, ahora podían ser rehabilitadas accediendo a la adaptabilidad inherente al cerebro.

Esta historia es también acerca de la adaptabilidad de la ciencia, del conocimiento humano. Es una demostración de cómo la ciencia busca refutar sus propias teorías, en búsqueda de teorías más útiles. A largo plazo la teoría se adapta al descubrimiento y a la evidencia. Pero solo lo puede hacer si alguien pone a prueba las limitaciones existentes. Mientras sea aceptado cualquier tipo de límite, no puede darse ningún nuevo conocimiento que vaya más allá.

Una de las voces más famosas en el tema de cómo la ciencia se adapta fue Thomas Kuhn, un físico de formación proveniente de Cincinnati, Ohio, quien publicó su trabajo más reconocido en 1962 mientras estaba en la Universidad de California-Berkeley. En *La estructura de las revoluciones científicas* argumentaba que el conocimiento no crece de una forma constante. Los paradigmas varían de tiempo en tiempo, para hacer posibles nuevas teorías y descubrimientos.

Era imposible en el tratamiento de quienes sufrían de derrames ir más allá de cierto punto si no se presentaba un cambio de paradigma en la manera que se concebía el cerebro. La neuroplasticidad tuvo que competir con la idea de que el tejido del cerebro era algo fijo. Parte de la oposición era objetiva, basada en la evidencia. Parte era subjetiva, basada en las suposiciones que guían la manera en que se evalúan las nuevas teorías.

El reto, entonces, es permanecer abiertos a los nuevos cambios de paradigma sin obsesionarse con lo más reciente a expensas del progreso. La nueva forma de examinar una situación no es necesariamente mejor que la forma antigua. Pero evitar pensamientos nuevos es reducir la efectividad de la adaptación. Ideas inútiles, inviables, ilógicas e incluso falsas pueden sobrevivir simplemente porque las personas no están listas para una alternativa más inteligente. Y es una lección que es útil para cualquier clase de esfuerzo adaptativo: estar abierto a lo absurdo e insignificante.

En 1995, el gerente general Robert Di Romualdo tenía todos los motivos para sentirse complacido. Bajo su liderazgo, la cadena de librerías Borders había crecido y pasado de tener 31 tiendas a tener 350, y de ventas por 59 millones llegó a ventas por 1400 millones de dólares. Era el favorito de los analistas. Y todavía mejor, estaba a punto de dejar de ser propiedad del gigante de la distribución Kmart. Iba a tener el control completo de su propio futuro. Nunca había oído hablar de Jeff Bezos. Esto sería 18 años antes de que pareciera un error gigante.

Amazon.com nació en 1995, apenas cinco años después de que la red informática mundial fuera inventada por Tim Berners-Lee. Formaba parte del "marco de minimización de arrepentimiento" de su fundador, a través del cual se presionaba para saltar y ser parte del *boom* de Internet a finales de la década de 1990. En aquel entonces apenas había 16 millones de usuarios en la red. Hoy existen más de 2000 millones. Fue muy estimulante para los primeros que lo adoptaron, pero para el 99,6 % del mundo era apenas otro artefacto tecnológico para genios de la computación. Este año, Amazon registró ventas por 45 000 millones de dólares y apenas tiene 18 años de existencia.

Muchos años atrás, en 1917, Barnes y Noble también eran unos innovadores. Se trataba de una naciente asociación entre William Barnes, hijo del dueño de una empresa de impresión de libros, y G. Clifford Noble. La primera tienda abrió en la ciudad de Nueva York y se especializó en el mercado de libros para estudiantes. Adaptaron el concepto de la cafetería estudiantil para crear la "librería", que tenía una especie de cinta transportadora en la que un empleado recibía el pago, otro registraba la venta y un tercero empacaba la compra. Fueron los primeros en adoptar la *musak*, o música ambiental pregrabada, que sonaba continuamente de fondo y era interrumpida cada cierto tiempo para emitir publicidad. Su tienda principal y más emblemática tenía más de 300 empleados y se convirtió en la librería más grande del mundo.

A pesar de sus grandes éxitos iniciales, en 1971 la compañía se vendió por tan solo 750 000 dólares a Leonard Riggio, un genial y joven emprendedor en el campo de la venta de libros, proveniente del Bronx. La compañía se encontraba en franco declive, de modo que Leonard decidió no limitarse a los libros de texto e incursionar en todo tipo de libros de no ficción y ampliar la oferta de libros de interés general y no solo para los estudiantes. Mejoró lo que podía ser la experiencia de comprar un libro, creando categorías aún más específicas (una revolución en ese momento), e introdujo una sección de libros para niños.

Estas mejoras iniciales significaron un crecimiento de la empresa. Y el éxito animó a Riggio a hacer algo aún más grande: decidió lanzarse a algo sustancialmente diferente convirtiendo a Barnes and Noble en la primera compañía en adoptar un modelo de supermercado para la venta de libros. B&N fue la primera librería en Estados Unidos en pasar publicidad por televisión, y la primera en vender *best sellers* a precio de descuento, siguiendo una estrategia de comprar grandes cantidades para poder vender los ejemplares a precios baratos. Su bodega de libros abarcaba tres edificios y pronto estaba atiborrada de clientes que llenaban sus carritos de compra con libros en oferta que quizás nunca leerían.

Mientras Riggio estaba innovando activamente en 20 localidades diferentes, Tom y Louis Borders abrieron su primera librería en Michigan. Los dos eran estudiantes en la Universidad de Michigan y su idea era vender libros a la comunidad académica. En el par de años siguientes abrieron cuatro librerías más, dos en Míchigan, una en Indianápolis y otra en Atlanta. Ya alcanzaban ventas anuales por 32 millones de dólares y querían llegar mucho más lejos.

Mientras que Barnes & Noble contaba con Leonard Riggio, los hermanos Borders encontraron a Robert Di Romualdo. Se trataba de un joven con una maestría en negocios de Harvard y mucha experiencia en escalar posiciones hasta convertirse en CEO de la cadena de alimentos estadounidense Hickory Farms. Fue así como en 1988 se unió a la industria de la venta de libros, que en ese momento estaba experimentando un auge nunca visto gracias a una clientela que parecía tener un apetito insaciable para comprar libros a precios de descuento. Borders cuadruplicó su tamaño en los siguientes cuatro años y para 1992 ya era todo un fenómeno en el campo.

En lugar de sacar la compañía a cotizar en la bolsa de valores, los hermanos decidieron venderla a la corporación Kmart. Durante los años siguientes las ventas alcanzaron los 224,8 millones, y la compañía se fue haciendo cada vez más corporativa. Instauraron cajas registradoras modernas, un departamento de recursos humanos, programas avanzados de capacitación y una sección de música. También desarrollaron lo que muchos consideraban el sistema de administración de inventario más avanzado en la industria, capaz de identificar 55 patrones diferentes de preferencias de acuerdo con la estación.

En el lapso de tres años, las ventas del grupo Borders eran de 1500 millones de dólares. Habían pasado a ser una cadena nacional mientras seguían conservando y recompensando adecuadamente a sus empleados de vieja data. La mayoría de sus empleados contaban con un título universitario, y se enorgullecían de su capacidad para ofrecer el servicio informado y de primera clase que los clientes esperan y que los motiva a comprar. El concepto de operaciones de Borders seguía ampliándose para delicia de los analistas. Para 1995 sumaban 88 hipertiendas, enormes, impresionantes y multimillonarios templos para los adoradores de la literatura, la música y el café. Una tienda promedio almacenaba más de 128 000 títulos de libros y más de 57 000 títulos de música, y tenía un costo de montaje de más de 2,6 millones de dólares desde el momento en que se tomaba la decisión de abrirla hasta la ceremonia de inauguración.

El año 2006 fue la última ocasión en que la compañía obtuvo ganancias. Durante los siguientes cuatro años sus ventas se redujeron en mil millones de dólares. Llegó el momento en que cada día de funcionamiento significaba más dinero perdido. Una sucesión de gerentes generales sin experiencia en la venta de libros ensayaron varias medidas desesperadas sin llegar jamás a tomar las riendas de la situación. Nunca fueron capaces de entender bien qué era lo que estaba pasando y lo que tenía que pasar si pretendían adaptarse suficientemente rápido para sobrevivir.

Antes del final de 2011, Borders había dejado de existir. Se acogió a la Protección de Bancarrota, con 1200 millones de dólares en activos contra 1300 millones en deudas y ninguna posibilidad de obtener otros préstamos. A finales de septiembre todos los 19 600 empleados se habían quedado sin trabajo y la totalidad de las tiendas habían sido vendidas o abandonadas. Ni uno solo de los anteriores cuatro gerentes generales le había ayudado a la compañía a adaptarse mejor o más rápido.

El primero de los cuatro fue Phillip Pfeffer, quien duró cinco meses en el cargo antes de renunciar en 1999. Fue el último de ellos con experiencia en la venta de libros. El siguiente CEO, Ron Marshall, sacó a los directivos superiores más veteranos y clausuró las divisiones internacionales, desaprovechando así los beneficios de operar en economías que en ese momento crecían más rápidamente que la de los Estados Unidos. Tomó todas esas medidas en cuestión de un año y luego se retiró.

Los empleados tuvieron que presenciar cómo el CEO interino Michael Edwards conducía a la compañía casi hasta el amargo final. Y finalmente llegó el CEO Bennet S. LeBow, un capitalista de riesgo que pensó que podría lograr una ganancia comprando y vendiendo la compañía, pero fracasó. Ninguno de estos individuos fue capaz de enterarse lo suficientemente bien de los problemas de la compañía y de la dimensión de la solución necesaria para salir a flote.

En un momento dado, los eventos que están teniendo lugar motivarán a una persona dentro de un grupo, organización o profesión a pensar en la manera de adaptarse para adelantarse a las dificultades del futuro. Puede tratarse de cualquier persona en cualquiera de los niveles y en cualquier puesto; la jerarquía puede estar inversamente relacionada con la visión de lo que hay que hacer para asegurar un mejor futuro. Mientras más alejada esté una persona de lo que está sucediendo en el terreno de acción, menos afectada se va a sentir. Incluso en los casos en que experimentan alguna incomodidad, es muy posible que les resulte difícil saber qué adaptaciones específicas deben hacer, pues no sienten en carne propia las exigencias específicas de la situación.

Los subalternos siempre lo saben. Los problemas que dejan atónitos a los analistas y al mercado de valores raramente son una sorpresa para el resto de la organización. Por desgracia, tanto la visión de lo que hay que hacer en el futuro como la insatisfacción de los que sí lo saben puede continuar hirviendo durante años antes de llegar a su punto de ebullición. Esto es particularmente cierto si las personas se encuentran en un nivel por debajo de los que tienen poder e influencia; es decir, fuera del grupo selecto de quienes toman las grandes decisiones acerca del rumbo del respectivo grupo, organización o empresa.

En el caso de Borders, el problema apareció años antes de la crisis. Kmart trató de forzar a Borders a que saneara una de sus adquisiciones que más dificultades tenía, Waldenbooks. Como resultado, muchos ejecutivos de Borders renunciaron. No eran para nada tontos y no veían una manera viable de sacar adelante una compañía tan problemática. Sería algo que retrasaría el tiempo necesario para adaptarse.

Cuando Greg Josefowicz fue nombrado gerente general de Borders en 1999, la situación no parecía grave desde el punto de vista financiero, pero estaba cambiando a un nivel profundo. Josefowicz había pasado treinta años en la dirección de una cadena de supermercados, y no pareció comprender la manera tan incesante y denodada en que la competencia se estaba adaptando y estaba alterando el mercado. El caso es que después de seis años no había solucionado los problemas de integración entre los sistemas de compra de Borders y los de Waldenbooks. Y la ausencia de esa integración significaba que la compañía era cada vez más lenta en adaptarse. No se implementaron las grandes ideas porque resultaban imposibles si no se contaba con sistemas de computación de punta.

En una metida de pata de proporciones épicas, el nuevo gerente general cerró la recientemente lanzada librería por Internet después de solo un año de operaciones. Sí, llegaban tarde. Seis años después de Amazon, doce meses después de Barnes & Noble. ¿Pero qué se puede decir de la decisión de cerrarla y reemplazarla con una versión de marca que compartían con el portal de Internet de Amazon.com? Esta decisión representó concederle a su principal rival información interna durante los siguientes siete años. Las tecnologías, las patentes, el reclutamiento de personal talentoso, el conocimiento de las tendencias de los clientes y de sus necesidades, todo ello fue entregado a Amazon.

Vender libros nunca había sido realmente una labor de albañilería. Siempre había consistido en compartir las ideas de los autores de manera que los clientes estuvieran dispuestos a pagar para disfrutarlas. Los ejecutivos de Barnes & Noble lo comprendieron. Fueron más lentos que Jeff Bezos en reconocer de qué modo y hasta qué punto Internet podría cambiar el comportamiento de los consumidores, pero de todos modos sacaron a cotizar en el mercado a barnesandnoble.com antes de que pasaran dos años de la aparición de amazon.com. Una adaptación elogiable que les permitió no quedarse a la zaga.

Al continuar jugando el juego de adaptabilidad para enfrentarse a amazon.com, siguieron aprendiendo de esta experiencia y de su rival. Se trataba de una de esas situaciones en que cada parte se beneficiaba de las iniciativas del rival para tratar de sacarle ventaja. Juntos, y en combinación con los esfuerzos de otros nombres en la industria, incluyendo a Sony y a Apple, están haciendo que crezca el mercado. Y todos esos jugadores se están alejando cada vez más de los no jugadores.

Fue así como, mientras amazon.com desarrolló el primer lector de libros electrónicos, el Kindle, barnesandnoble.com de todos modos logró sacar en cuestión de un par de años una alternativa viable, el Nook. Borders tardó un año más en siquiera empezar a vender libros electrónicos. Ese servicio lo ofrecía una compañía independiente. Y nunca desarrollaron un lector de libros electrónicos propio. La diferencia resultó significativa y más que suficiente para ralentizar o detener cualquier adaptación efectiva.

Toda situación proporciona información. Si usted sabe qué exige la situación puede tratar de adaptarse, pero es posible que la conexión entre situación y respuesta resulte inefectiva. O más lenta. Puede también dejar de funcionar. O puede enviar señales distorsionadas. Una desconexión entre lo que exige la situación y lo que en efecto se hace puede pasar a ser permanente. Es posible que se presente un desajuste crónico entre situación, intención y acción.

En 1969 Bach-y-Rita publicó un artículo breve en la revista *Nature*. En él describía un dispositivo de 400 libras que permitiría ver a las personas que habían nacido ciegas debido a daños en la retina. Supuestamente su máquina hacía milagros, pero sus afirmaciones eran tan exageradas y absurdas que la historia fue rechazada por todos. Por su parte, en 1994, Di Romualdo parecía no estar consciente de las oportunidades en lo que entonces parecía un mercado insignificante de ventas por Internet y eligió jugar un juego perdedor.

La noción de que la gente iba a comprar libros sentada enfrente de sus computadores personales o por teléfono celular parecía absurda. Pero el cerebro humano y la sociedad humana son moldeables y continuamente están tratando de reestructurarse y reconfigurarse. Lo que conocemos como "competencia" es solo parte de ello; la perspectiva más amplia es que nuestra adaptación a nuevas formas es una capacidad profunda, pero imperfecta.

Parte 2

Comprenda la adaptación necesaria

Reconocer que es necesario adaptarse es un buen comienzo, pero por supuesto no es suficiente. Es posible que usted se dé cuenta de que hay un problema, pero eso no llevará necesariamente a la solución. Es posible que usted se dé cuenta de que existen oportunidades, pero eso no significa que va a aprovecharlas adecuadamente. Si no se entiende en qué consiste la adaptación necesaria, se hacen más probables las acciones erradas.

Es tentador avanzar directamente del reconocimiento de un problema a la acción. Con frecuencia se salta la segunda etapa a causa de la impaciencia por hacer algo. No todos tenemos experiencia en lo benéfico que significa pensar en grupo, en discernir las causas profundas del problema que estamos encarando y en el arte de combinar las diferentes opiniones y las distintas visiones del futuro. Y, sin embargo, muchas veces saltamos a la acción, lo cual puede ser un error.

Es posible que prefiramos la cómoda opción de escuchar las opiniones que concuerdan con las nuestras, pero necesitamos la incomodidad que provoca escuchar a los rebeldes. Es posible que prefiramos trabajar a solas en glorioso aislamiento, pero no hay nada de glorioso en un esfuerzo contraproducente. Los seres humanos creamos nuestras propias limitaciones sin darnos cuenta de que somos parte de aquello que no nos gusta. Nosotros somos nuestro propio escollo.

Avanzar hacia una mejor comprensión del tipo de adaptación que se necesita requiere estar dispuestos a experimentar, pero también es necesario tener la capacidad colectiva de aprender de esos experimentos. En una situación de grupo es más fácil para la mayoría de las personas reconocer que algo salió mal, en vez de asumir una posición honesta, directa y creativa sobre lo que tiene que ocurrir a continuación.

En esta sección vamos a considerar la importancia de concederles libertad a los radicales en su grupo para que contribuyan. También es importante darle libertad a la naturaleza radical de algunos de su grupo para que puedan contribuir sin sentirse desleales. Una adaptación verdaderamente efectiva requiere que haya un plan B, pero también unos planes X, Y y Z. Se puede emplear la imaginación para planear el futuro y considerar las posibilidades, así como reaccionar a los eventos con imaginación.

Existe una diferencia inmensa entre una adaptación profunda y una adaptación superficial. Es bastante fácil reacomodar, reestructurar o cambiar de nombre sin llegar a cambiar la naturaleza profunda de un grupo social. Una adaptación superficial puede verse diferente y sentirse igual. También es factible que un cambio superficial funcione de manera diferente, pero que de hecho requiera tanta energía que pasa a ser solamente temporal y no cambia de verdad el juego.

Una adaptación profunda cambia la manera en que se conduce un juego. La situación se traslada de un estado a otro y va a permanecer más o menos en el mismo estado hasta que se consiga de nuevo una adaptación profunda. No se trata de un estado estático sino dinámico, pero el hecho es que el juego ha cambiado.

rse igual. También es factible que un cambio superficial funcione de una manera diferente, pero que de hecho requiera tanta energía que la que pasa a ser solamente temporal y no cambia de verdad el juego.

Una adaptación profunda cambia la manera en que se conduce un juego. La situación se traslada de un estado a otro y va a permanecer más o menos en el mismo estado hasta que se consiga de nuevo una adaptación profunda. No se trata de un estado estático sino dinámico, pero el hecho es que el juego ha cambiado.

Regla 7

Aprender rápidamente es mejor que fracasar rápidamente

El punto clave de un fracaso radica no en el fracaso mismo, sino en que se permita el fracaso en el proceso de aprendizaje. Que a alguien se le permita experimentar y aprender de esos experimentos es algo valioso. Aprender a detener la producción de éxitos es potencialmente desastroso. Tan peligroso como aprender a vivir con distintos niveles de fracaso sin hacer nada para mejorar la situación.

Reducir las expectativas puede resultar demasiado fácil para los individuos y los grupos. Nadie es perfecto, es algo que la gente suele decir. No se puede esperar que seamos capaces de hacerlo todo, dicen otros en coro. Bueno, al menos se aprende de los errores, se dicen unos a otros para darse ánimo, incluso después de que la organización ya está en bancarrota. El punto clave no es aprender *para* fracasar, sino aprender qué funciona *del* fracaso.

Aprender con rapidez implica pasar de saber que el cambio es necesario a dilucidar qué hay que hacer diferente y hacer lo que sea necesario. Lo que es relevante para la adaptabilidad es el trayecto completo de la visión a la acción. Es posible que usted no se dé cuenta. Es posible que no reaccione. O que reaccione muy poco, muy tarde. O bien que no reaccione lo suficiente o que reaccione de forma exagerada.

¿Reaccionar de forma exagerada? Después de que Pepsico cambió el diseño de los recipientes de sus jugos de naranja Tropicana en 2009, las ventas se redujeron en un 20 %, es decir, 33 millones de dólares, en solo un mes. Los competidores se beneficiaron, dado que los clientes empezaron a cambiarse a otras marcas. El objetivo había sido revigorizar el producto con una histórica campaña de mercadeo y publicidad que iba a "rejuvenecer la categoría y ayudar a los consumidores". Antes de que se cumplieran dos meses del cambio, Tropicana regresó al diseño original de su empaque.

El problema era que el nuevo diseño resultaba inofensivo hasta el punto de parecer anónimo. Recibió amplias críticas por tener el aspecto de una marca genérica de una cadena de tiendas de descuento y por haber perdido cualquier conexión con los trópicos. En lugar de decir "sol en la playa", el empaque decía "compre uno y llévese el segundo gratis". La crítica se produjo meses *antes* del lanzamiento de la campaña, y podría haberse aprendido del error antes de que les costara 33 millones de dólares.

Peor aún, cambiaron algo que no necesitaba ser cambiado y no efectuaron cambios en la elaboración del jugo en un momento en que estaban encarando una creciente competencia. Para que los consideraran "premium", de calidad superior, los jugos de naranja habían aumentado su calidad y los compradores más exigentes estaban comprando mayor cantidad de una marca con un recipiente plástico claro y sin marca. El nuevo empaque de Tropicana no respondió exitosamente a ninguno de los cambios en la situación de competitividad. Los ejecutivos dieron marcha atrás rápidamente, ¿pero aprendieron la lección?

¿Reaccionar perfectamente? El vehículo Mini original salió de las plantas de producción en 1959. Era la culminación de un proyecto de diseño incitado por la escasez de combustible que se había producido a raíz de la crisis del canal de Suez en Egipto. Más precisamente, el proyecto fue motivado por la reacción del gerente general de la British Motor Corporation (BMC), quien detestaba los vehículos alemanes "burbuja", de popularidad creciente y, además, eficientes en el consumo de combustible. Por lo tanto, quería construir "un automóvil miniatura apropiado". Un pequeño equipo de ocho personas, liderado por Sir Alec Issigonis, diseñó y construyó el prototipo original –la caja naranja–. El Mark I de los Mini –originalmente comercializado como el Austin Seven y el Morris Mini-Minor– vendió más de 1,1 millones de vehículos, mientras la producción total de todas las siete versiones ascendió a casi 5,5 millones de automóviles.

El primer Mini no era solamente un "automóvil apropiado"; también era una adaptación *apropiada* a las necesidades de los consumidores y las actividades de los competidores. La compañía tuvo en cuenta las fallas de sus competidores a la hora de crear un modelo de diseño propio. Las características existentes que los clientes esperaban encontrar fueron exitosamente adaptadas por medio de procesos de innovación, diseño e ingeniería. Luego utilizaron su gigantesca red de distribución para que aquella adaptación estelar fuese conocida en el mundo, y efectivamente fue reconocida como un clásico del buen diseño. Inclusive el nombre "Mini", que sería mundialmente famoso, surgió de la experimentación. En primer lugar se ensayó un nombre soso proveniente de otros productos, luego un imaginativo juego de palabras y finalmente alguien vio *la oportunidad y la agarró*. Se convertirían en una marca y un diseño que perdurarían y serían mundialmente célebres.

¿Reaccionar insuficientemente? La producción del Mini original continuó durante 41 años. En ese lapso se efectuaron relativamente pocos cambios, para ahorrar costos o para cumplir con las regulaciones de seguridad. A partir de los años sesenta se empezó a considerar un reemplazo moderno que sería más práctico y refinado. Las ventas empezaron a caer gradualmente en el sector de exportaciones, a pesar de que en Gran Bretaña se mantuvo el nivel de popularidad.

Consideraciones políticas internas y externas causaron que tardara en producirse una respuesta a la competencia creciente y cada vez de mayor calidad en los años setenta. En 1979 el equipo original diseñó un prototipo, pero este no llegó a ser producido. En 1992 se hizo un intento más de efectuar cambios significativos en el Mini, pero el intento fue cancelado por la gerencia, aduciendo que la inversión necesaria resultaría demasiado alta como para que fuese rentable.

¿Reaccionar perfectamente? Después de que BMW comprara la compañía en 1994, se inició otro proyecto, en esta ocasión para diseñar un Mini completamente nuevo y beneficiarse del estatus de ícono de la moda que tenía el Mini alrededor del mundo. La idea provenía de la gerencia de BMW, que aprobó inicialmente un prototipo y la producción de un automóvil. Cuando el grupo propietario, el Rover, fue desmantelado en el 2000, la idea y la marca sobrevivieron con los nuevos dueños de BMW. Después de una competencia para elegir el diseño, se llegó a una decisión, y el primer Mini de la BMW salió de la línea de producción Cowley en 2001. Para 2011 se habían producido alrededor de dos millones de vehículos.

De manera similar a la reacción que dio como resultado la producción del Mini inicial, la gente de BMW se dio cuenta de una oportunidad para adaptar la situación existente. Se habían dado cuenta de que la BMW necesitaba incrementar la venta de automóviles para seguir siendo competitivos, y también de que la marca BMW se podría ver afectada si comenzaban a producir vehículos pequeños de manera directa. Vieron que había un gran potencial en algunas marcas ya existentes que eran propiedad de Rover. De manera que adquirieron Rover e invirtieron en proyectos que ayudarían a desarrollar las marcas con potencial. Y más adelante vendieron todas las divisiones que no les interesaban.

BMW no estaba tratando de fracasar rápidamente. Más bien estaba intentando aprender rápidamente a partir de su adquisición de Rover, de tal modo que pudiese obtener sus propios objetivos. Su inversión de 2800 millones de dólares no se perdió, dado que se quedaron con las mejoras que trajo la jugosa inversión. En lo que concierne a BMW, no se trataba de un fracaso, como han concluido algunos críticos. A final de cuentas resultó ser una demostración impresionante de superadaptación, que ha repercutido en ingresos de más de 20 000 millones de dólares.

Este tipo de "superadaptación" requiere que la gente encuentre nuevas alternativas para trascender las limitaciones de una situación particular. Estas pueden ser obvias, pero usualmente se requiere una mezcla de creatividad y conocimiento para descubrir y ejecutar un plan de acción. Debe haber un deseo y una creencia individual para superar restricciones. Deben existir oportunidades para que los grupos puedan poner a trabajar sus percepciones.

La mezcla ideal consiste en un enfoque testarudo, abierto y obsesivo para aprender a medida que se actúa. El aprendizaje no se detiene cuando algo sale mal, pero tampoco se deja de hacer lo que se está haciendo. Es posible que las personas en la organización tengan una curiosidad intelectual, pero desean algo más que la simple posesión del conocimiento; desean que el conocimiento les otorgue resultados. Y esto requiere una mezcla algunas veces incómoda de invitar a las personas a experimentar

–lo cual significará tener algunos fracasos–, y al mismo tiempo rechazar que el fracaso sea el resultado final y ni siquiera el resultado general.

Cometer los mismos errores por las mismas razones significa una falla en el aprendizaje. Igualmente, cometer errores nuevos por las mismas razones de antes. La adaptación más efectiva ocurre cuando se reflexiona sobre las razones de un fracaso, de manera que posteriormente puedan ser evitadas y se aprendan nuevas lecciones. ¿Por qué razón ocurrió la vez pasada? ¿Cuáles eran las suposiciones que se tenían? ¿Las posibles razones del fracaso se presentaron antes de que fracasáramos?

En el caso de Tropicana, ¿fracasaron simplemente porque ensayaron algo arriesgado? ¿Fallaron los diseñadores porque siguieron los conceptos de Feng Shui o una cierta regla de oro en lugar de comprender lo que iban a pensar los clientes? ¿O se trató de una combinación desafortunada de cambios en el diseño del empaque y un momento de gran incertidumbre?

Desanimar la experimentación es una postura ineficaz. Pero también es una postura ineficaz alentar un tipo de fracaso que no está consiguiendo un objetivo palpable. Si alguien está prestando verdadera atención a lo que se está intentando, se puede aprender de ello. Incluso se puede tratar de identificar qué es lo que no funciona. Y cuando se está aprendiendo lentamente, el colapso, es decir algún tipo de fracaso total, también pasa a ser una posibilidad.

En la adaptabilidad existe un punto de equilibrio entre aprender lentamente y fracasar rápidamente. En 1940 Hitler proclamó la "directiva del führer", que ponía fin a todos los proyectos de investigación y desarrollo de nuevos armamentos si estos proyectos iban a tardar más de seis meses. A resultas de esto, impidió que mentes brillantes se adaptasen a la amenaza que representaban los aliados y les concedió una ventaja a sus enemigos, pues estos continuaron experimentando sin el inconveniente de plazos inflexibles.

Ya se sabía de sobra que era urgente el trabajo en ambos bandos. Los aliados pudieron recuperar terreno perdido adaptándose mejor y más pronto que el enemigo, pues estaban trabajando bajo variadas condiciones y sistemas. Su éxito respalda la idea de que la adaptabilidad se beneficia de ciertos comportamientos y culturas operativas en particular. Si esto es cierto, entonces también podemos aprender cómo crear esas condiciones.

El 30 de octubre de 1939, fue propuesta una idea para una espoleta de proximidad por parte de William Butement, uno de los principales integrantes del equipo que había inventado el radar. La ventaja de una espoleta de proximidad es que permite que una bomba explote cuando se encuentra lo suficientemente cerca de su blanco. Sin ese elemento, las bombas dependían de los dispositivos de tiempo fijados en el momento del lanzamiento o del contacto directo con algo. Una bomba podía pasar a milímetros del blanco elegido y de todos modos ser desperdiciada.

La propuesta de Butement llevó a la construcción de prototipos. Los prototipos llevaron al ensayo de resultados y también a una escasez de recursos para un posterior desarrollo. No obstante, debido a un acuerdo de compartir ideas que habían firmado los Estados Unidos y el Reino Unido, el proyecto fue continuado por el Laboratorio de Investigaciones de la Marina de Estados Unidos. Una vez en producción, la munición con espoleta de proximidad resultó exitosa como defensa contra los ataques de kamikazes en el Pacífico, y para neutralizar los ataques de bombas V-1 en el Reino Unido.

Después de que así lo solicitara el general Eisenhower, las espoletas de proximidad también fueron usadas en la batalla del Bulge en 1944. Esta gran ofensiva alemana cogió por sorpresa a los aliados en una parte de sus líneas de batalla escasamente protegidas y con las defensas aéreas en tierra debido a una nubosidad extrema. Las espoletas de proximidad fueron empleados para incrementar enormemente la efectividad de la artillería estadounidense y sobreponerse a la ventaja inicial que al enemigo le concedía el sorpresivo ataque. Incluso provocó un pequeño motín entre los soldados alemanes que habían confiado en que podrían ocultarse exitosamente de artilleros en posiciones distantes.

La adaptación es un juego dentro de un juego dentro de otro juego. Hay reglas que deben descubrirse. Hay reglas para ser cambiadas, infringidas o ignoradas. Y las distintas partes deben tomar sus turnos. Cada acción contribuye a otros juegos en una regresión infinita y, ocasionalmente, cae en una especie de círculo vicioso. Se pueden perder las posiciones ganadoras debido a un mal movimiento o a un movimiento efectuado por cualquiera de los otros jugadores.

A Apple no le gusta fracasar en público. Si va a hacer algo, lo hará con entrada triunfal. Bajo el liderazgo de Steve Jobs, Apple trató de aprender rápidamente y de numerosas maneras.

En primer lugar, cuando se presenta un fracaso, la compañía procura reconocer rápidamente el problema y darle una respuesta, incluyendo el retiro del producto del mercado, la reducción de su precio o haciendo mejoras inmediatas. Si la recepción que le da el público a un producto es negativa, Apple lo detecta y actúa en consecuencia.

En 2008, cuando un servicio en línea llamado MobileMe recibió críticas en su gran mayoría negativas, el gerente general convocó a una reunión al equipo responsable de este. Les preguntó qué era lo que "se suponía que el producto debía hacer". Alguien del grupo le respondió y según se cuenta, Jobs le disparó la pregunta: "¿Entonces por qué carajos no lo está haciendo?".

Luego Jobs envió un correo electrónico a los empleados aceptando que el producto "no estaba a la altura de los parámetros de la compañía". Apple ofreció una extensión gratis a los suscriptores y anunció un nuevo servicio para reemplazarlo llamado iCloud. Cuando le preguntaron si este iba a funcionar o no, respondió: "¿Y por qué tendría que creer en su palabra? ¡Ellos fueron los que crearon el MobileMe!"

En segundo lugar, cuando se presenta un fracaso, Apple examina muy minuciosamente los problemas y regresa a trabajar en ellos incansablemente hasta tener éxito. Las lecciones del fracaso del Newton –el computador de mano o "hand held"– se convirtieron en innovaciones para el iPod, el iPhone y el iPad. Las lecciones del fracaso de la fallida consola de videojuegos Pippin y del fallido televisor Macintosh fueron útiles para los extraordinariamente exitosos iTunes y Apple TV. Y la compañía aprendió enormemente sobre los diseños industriales hermosos, incluso después de que el Cubo Apple (un cubo translúcido de 8 por 8 por 8 pulgadas) se vendiera muy mal.

En tercer lugar, ha desviado hacia sus empresas asociadas algunas de sus experimentaciones y ellos han producido el medio millón de aplicaciones y cientos de aditamentos periféricos que mejoran la oferta de productos sin que se afecte el prestigio de la marca. Algunas de las mejores características se han tenido en cuenta en la elaboración del sistema operativo ios de Apple, e incluso en nuevos productos como el iBooks, con el que compiten con Amazon.

El hecho de que se odie tener un fracaso en público no significa que se tenga que evitar el proceso de aprendizaje. En lugar de jugar sobreseguro, sencillamente se puede jugar para ganar. Es posible rehusar el desperdicio de lecciones valiosas si no se intenta de nuevo. Muchas organizaciones intentan hacer algo, tienen resultados desastrosos y paran. Es posible que incluso intenten otras cosas que también fallan y paren de nuevo. Otras intentan hacer cosas, obtienen resultados decepcionantes y se niegan a cambiar. Pero las organizaciones más inteligentes, más adaptativas, identifican algo que vale la pena hacer y continúan el proceso de aprendizaje hasta contar con éxito. Incluso si les lleva décadas.

Regla 8

El plan B es el que más importa

La llamada regla Rooney es magnífica. Está perfectamente adaptada a su propósito. Hace unos años, en 2002, había solo dos entrenadores negros en todos los 32 equipos de la Liga Nacional de Fútbol Americano (NFL, por sus siglas en inglés). Y esto era así a pesar de que más del 70 % de los jugadores de la NFL eran negros.

Si la liga deseaba cambiar esa situación, era imposible insistir en que un determinado porcentaje de entrenadores fueran negros porque algunos equipos específicos estarían obligados a elegir solo entre candidatos negros. No habría sido justo, pues la medida solo sería aplicada a cierto número de equipos, no a todos.

Si la liga deseaba cambiar esa situación solo alentando pasivamente un cambio en las percepciones con campañas de relaciones públicas y programas de capacitación, es posible que jamás hubiera ocurrido el cambio del equilibrio ya muy establecido que estaba manteniendo las cosas tal como estaban. Los propietarios blancos de los equipos conocen entrenadores blancos que les vienen a la mente en cuanto se presenta una vacante. No es necesario que los dueños sean conscientemente racistas para no elegir entrenadores que no les vienen a la mente o a quienes no conocen. Existía una razón de cultura y una razón de procedimiento para el elevado número de entrenadores blancos.

Eran demasiado pocos los candidatos negros que se entrevistaban para esos cargos como para que hubiera un cambio de percepciones. Si usted nunca o casi nunca entrevista a un candidato por fuera de su propio entorno es muy dudoso que contrate uno. Si a los candidatos no se les convoca a ser entrevistados entonces es menos posible que ellos se postulen para esos cargos. Es un círculo vicioso. Los ciclos que se perpetúan a sí mismos exigen una intervención externa, un avance decisivo en los parámetros, para que sea posible que el ciclo gradualmente vaya perdiendo su impacto negativo; necesitan un plan B.

Lo estupendo de la regla Rooney es que solamente insiste en que los candidatos negros sean entrevistados. El dueño o la dueña del equipo puede contratar a la persona que prefiera. La regla únicamente asegura que el equipo tiene que tener en consideración candidatos no blancos. Y por lo tanto, la regla perturba el muy establecido equilibrio que mantenía la situación tal como estaba. Introducía un aspecto rediseñado del proceso, un aspecto muy sencillo, que permitía alterar percepciones e incrementar oportunidades.

Para 2011, el número de entrenadores no blancos había ascendido a ocho. Seguía siendo solo el 25 % de los puestos de entrenador, pero de todos modos había un 400 % más de entrenadores negros que antes de la regla. Igualmente importante, año tras año ha habido un aumento del número de ejecutivos que eran minorías o mujeres. El reconocimiento de que había un problema se unió a una acción para adaptar la situación de una manera tal que minimizara las fricciones y maximizara el progreso.

La adaptabilidad no siempre entra en vigor automáticamente; a menudo debe ser estimulada. Es muy fácil que la adaptación se vaya al carajo si no se reconoce que existe una necesidad de adaptarse, si no se comprende la naturaleza de la adaptación o si no se toman las acciones para adaptarse. Cualquiera de estas limitaciones puede interrumpir la adaptación.

Por consiguiente es preciso que las organizaciones encuentren formas de aumentar la percepción de la necesidad que tienen de adaptarse, que comprendan que es necesario actuar y que identifiquen la acción que es necesaria. El diseño de estas intervenciones debe ser tan elegantemente simple como sea posible, pues si resulta demasiado complicado va a ralentizar la adaptabilidad que pretende acelerar.

En ocasiones se presentan consecuencias no deseadas a raíz de cambios bien intencionados. Cambios que se efectúan para frenar un problema pueden aumentar ese u otros problemas en el futuro. Esto puede suceder cuando problemas que provienen de una falla profunda en el sistema se reparan de manera superficial. Parecen haber sido solucionados y es posible que muchos se llamen a engaño pensando que todo está bien, mientras debajo de la superficie los problemas continúan creciendo. Las consecuencias del problema y la causa en sí del problema empeoran porque no se hacen nuevos intentos para adaptar el sistema. Pensar que algo queda solucionado para siempre evita un temprano reconocimiento de nuevos problemas.

Igualmente, un cambio puede hacer que la situación empeore porque se produce una adaptación errónea. Se trata de un cambio que es menos adecuado a las exigencias del entorno o de los eventos que la versión anterior. Estos cambios no solamente ocultan el problema, permitiendo que empeore, oculto tras bambalinas; o bien magnifican el problema original o añaden nuevos problemas. También puede significar un empeoramiento en la capacidad de reconocer y de comprender los problemas o de actuar de maneras efectivas para adaptarse a los eventos o al entorno.

Los habitantes de la isla de Pascua talaron todos los árboles. Fue así como se convirtieron en el ejemplo más emblemático de la destrucción ambiental autoinfligida: un recordatorio de que si ellos podían destruir la base de su prosperidad, lo mismo podía hacer cualquier otra civilización. Se trataba de una sociedad que descendía de cuarenta antepasados polinesios con capacidad de navegar los océanos. Una comunidad con la tecnología necesaria para construir al menos 887 gigantescas estatuas de piedra, incluyendo una pieza inacabada de casi 21 metros de alto con un peso de 270 toneladas. Habían desarrollado su propio código de escritura, el rongorongo, uno de los únicos cuatro inventos independientes de comunicación escrita en la historia de la humanidad. Dependían para su supervivencia de la caza de aves en los bosques de palmera. ¿Cómo es posible que hubieran destruido sus bosques?

Existen explicaciones divergentes sobre la desaparición de los bosques pluviales de la isla de Pascua. Los científicos tienden a concordar en que la deforestación tuvo lugar durante un período de más de doscientos años, pero se presentan marcadas diferencias de opinión acerca de cuándo ocurrió esto. En lo que sí existe consenso es que a raíz de ello se extinguieron unas ocho especies importantes de aves. Por lo general, se acepta que los isleños contaban con un sistema alimentario basado en la caza, la recolección de frutos en el bosque y la pesca.

Las divergencias son más notorias respecto a las lecciones que se deben aprender. Para la mayoría, se trata de una historia inquietante sobre una adaptación errada llevada al extremo, en el transcurso de la cual los isleños causaron sus propios problemas. Para otros, es una historia heroica de una adaptación recursiva, con los isleños adaptándose exitosamente, incluso cuando se vieron obligados a enfrentar graves desafíos medioambientales. La verdad parece hallarse a medio camino.

La historia de los Rapa Nui comienza con la gran fuerza expedicionaria polinesia para explorar el océano Pacífico que partió alrededor del año 700 d. C. El consenso, basado en evidencia a partir de los ADN, es que distintos grupos provenientes de la Polinesia empezaron a enviar hacia el oeste grupos de exploración para encontrar nuevas tierras que colonizar. Algunos salieron adelante con la colonización mientras otros fracasaron y debieron abandonar las islas después de doscientos o trescientos años. El contingente que llegó a la isla de Pascua, compuesto por un grupo de entre 30 y 100 personas, llegó alrededor del año 700 d. C., según se desprende de pruebas de carbono y artefactos encontrados en la isla.

Se trata de un sitio sumamente plano. El sitio habitado más cercano es la isla de Pitcairn, a unos 1900 km en dirección de Australia. El sitio en tierra firme más cercano es la costa chilena, a unos 3700 km de distancia, y a una distancia un poco mayor, 4000 km hacia el suroeste, de Tahití. Una vez que se llega a un sitio como aquel, las opciones son limitadas. Resulta muy difícil encontrar materia prima, hacer expediciones para buscar comida o intercambiar nuevas ideas con otros grupos.

El grupo de hombres, mujeres y es posible que también niños que llegó a la isla de Pascua se benefició de la abundante presencia de aves, pero quizás eran inconscientes de la fragilidad de su bosque pluvial. Jared Diamond ha señalado que la isla poseía ocho de las nueve características que hacen más probable la desaparición de un bosque pluvial. La latitud es elevada, son escasas tanto la lluvia que alimenta las plantas como la caída de polvo proveniente de Asia que alimenta el suelo, es un sitio relativamente frío y es el segundo sitio más aislado que existe en el globo. El modelo estadístico de Diamond sugiere que las islas de Pascua, Nihoa y Necker serían las más propensas a una deforestación y eso fue exactamente lo que sucedió.

A bordo de sus dos canoas enormes, los expedicionarios habían arribado a uno de los medioambientes más frágiles de todas las islas del Pacífico. No se les ocurrió pensar que las ratas domésticas que habían llegado a bordo devorarían y destruirían las raíces de las palmeras. Talaron los árboles para obtener madera y para despejar terreno donde pudieran sembrar, sin caer en la cuenta de los esfuerzos que harían falta para que volvieran a crecer. Y sin embargo siguieron talando, cuando habrían hecho mejor en resistir el impulso.

Sus rituales cada vez más elaborados requerían de madera para las embarcaciones en que transportaban sus gigantescas estatuas y el entorno no alcanzaba a responder al alto nivel de recursos que exigía su ambición ilimitada. El hecho es que producían tantas estatuas que ya no les alcanzaba la madera para transportarlas. Nadie reconoció la necesidad de adaptarse o comprendió lo que sería necesario para hacerlo. Habrían podido disminuir el ritmo de construcción de las estatuas, pero en un entorno competitivo como el de ellos, tales consideraciones eran ignoradas. Era como si una mano invisible hubiera talado todos los árboles.

Alguna especie de exuberancia irracional, una obsesión con los gestos grandiosos, los impulsó a crear esculturas –los moáis– a semejanza de unos jefes venerados como dioses. Con sus ojos vueltos hacia el cielo y de espaldas al océano que protegía a su gente, desviaron tiempo y recursos que habrían debido utilizar en áreas de adaptación más importantes. No ocurrió así en otras islas colonizadas por los polinesios. Pasado un tiempo, parece ser que los habitantes de la isla de Pascua lamentaron la existencia de las estatuas, pues derribaron todas y cada una de ellas como una muestra de su extrema frustración.

La escasez de comida y darse cuenta de las consecuencias de no haberse adaptado contribuyeron a que se produjeran conflictos internos. Entre otras cosas, se empezaron a fabricar nuevas armas y se presentaron casos de violencia entre distintos grupos. No nos queda claro hasta qué punto combatieron antes de que se produjera la deforestación. Pero el hecho es que la población se redujo en el lapso de un siglo de alrededor de 15 000 personas a menos de 3000. Se extinguieron 21 especies de árboles y todas las especies de aves nativas de la isla.

Como resultado de los enfrentamientos por los escasos recursos y la pérdida de población, los habitantes de la isla de Pascua debieron pasar por un proceso de adaptación que fue doloroso, pero que no desembocó en la extinción. Parece ser que evitaron un fracaso total de su grupo social adaptándose de una manera deliberada. Para la producción de alimentos empezaron a cultivar y es posible que se hayan ocupado de fertilizar las tierras, ya que cuando llegaron los holandeses en 1722 encontraron un terreno fértil y con cultivos.

No resulta claro si el culto por las aves que se desarrolló en la isla resultó ser un factor que contribuyera al problema, dado que el culto otorgaba control sobre la distribución de recursos durante un año al ganador de una competencia de natación y escalada de montañas. ¿O sería la manera en que la sociedad se había adaptado, alejándose de una estricta jerarquía basada en el derecho divino de los reyes, para pasar a una sociedad basada en un poder compartido a través de una forma de meritocracia? Se trataba de una competencia para acceder al liderazgo en la isla.

La colonización de la isla tomó más tiempo a causa de la hostilidad hacia los barcos europeos. Los holandeses estuvieron allí por una semana en 1722. Los españoles la visitaron en 1770 y tomaron posesión simbólica del territorio en nombre de Carlos III, erigiendo tres cruces de madera. La isla permaneció más que todo a su libre arbitrio hasta 1862, cuando traficantes de esclavos provenientes de Perú capturaron a unas 1500 personas, entre ellas al hijo del jefe. Un año después fueron obligados a devolver a sus esclavos, pero la mayoría de ellos ya había muerto. Los sobrevivientes fueron dejados en la costa y, como algunos habían contraído viruela, la población se redujo aún más.

Los habitantes de la isla de Pascua se convirtieron al cristianismo en 1866, pero con los primeros misioneros arribó la tuberculosis, que produjo la muerte de otras 400 personas. Luego llegó un marinero francés de nombre Jean-Baptiste Doutrou-Bonier. Se casó por la fuerza con una joven local, la nombró reina de la isla y reclutó a una facción de isleños que, valiéndose de la violencia, lo mantuvieron en el poder por cuatro años. Se apropió de casi todas las tierras, razón por la cual la mayoría de los habitantes se marchó a Tahití y Mangareva. Cuando fue asesinado en 1876, debido al furor que causó el secuestro de un grupo de niños, solo quedaban 111 personas.

La isla se convirtió en un anexo de Chile en 1888 tras un acuerdo que se firmó con los sobrevivientes, que vivían en un área reducida, mientras el resto de la isla se rentó para su uso como una hacienda de ovejas hasta 1953. En 1966 finalmente los isleños pasaron a ser ciudadanos de Chile, con plenos derechos y con protección por parte del Estado. Desde entonces han acogido lo que aún podía ser reconstruido de su cultura ancestral, pero han debido continuar la lucha para tratar de adaptarse exitosamente a la época actual.

La primera vez que escuché hablar de los habitantes de la isla de Pascua fue a raíz de la desquiciada expedición del no tan desquiciado aventurero noruego Thor Heyerdahl, quien había decidido probar su hipótesis de que los primeros habitantes habían viajado desde Sudamérica, como argumentaba en su libro *La expedición del KonTiki* . Esto explicaría la presencia en la isla de la batata o boniato, así como los diferentes colores de piel. Heyerdahl construyó una enorme *pae pae* con madera de balsa, empleando una tecnología que databa de la época del primer asentamiento en la isla y navegó el océano Pacífico 101 días y 6880 km. Para emprender su aventura, el noruego había empleado la imaginación para crear su hipótesis e ir más allá de lo que conocíamos.

Pensar más allá de lo que se conoce es uno de los beneficios claves de la imaginación. Nos permite anticiparnos a lo que no se puede ver y nos permite comprender lo que todavía no se ha descubierto. Aplicando la imaginación nos es posible cuestionar las hipótesis, y al cuestionar las hipótesis nos es posible extender lo que se conoce.

La base del razonamiento crítico se funda en experimentos sobre el pensamiento para explorar hasta qué punto algo puede ser verdadero o falso, y para combinar los conocimientos existentes de nuevas maneras, que trasciendan las fronteras. La imaginación la utilizan incluso quienes creen carecer de ella. Sin la imaginación no podrían percibir ninguna cosa antes de que ocurriera y serían incapaces de prever lo suficientemente bien para hacer cualquier cosa. Aquellos que son particularmente imaginativos pueden ver con mayor intensidad toda una serie más compleja de conexiones, hechos y posibilidades.

La dependencia de un trayecto a seguir no es determinista. Existe campo para actuar fuera de la dirección más obvia de un trayecto particular. Incluso un trayecto que es muy recorrido puede ser evitado. Este hecho resulta alentador para aquellos que se sientan atrapados por las limitaciones de la forma que se espera va a asumir el futuro. Puede resultar liberador examinar posibilidades por fuera de precedentes históricos. Por otra parte, esta característica puede resultar inesperada, desconcertante y perturbadora para aquellos que habían dado por sentado la seguridad del trayecto. Haber visto un futuro resplandeciente y presenciar cómo se va atenuando, equivale a una pérdida.

Una adaptación exitosa depende no tanto de lo que ha ocurrido antes, como de lo que sea posible imaginar a continuación. Los eventos del pasado desembocan en la situación presente, y, sin embargo, esta situación es susceptible del poder transformativo de la percepción. Pasado, presente y futuro son reales y no obstante maleables, lo cual permite que seamos capaces de trascender aquellas restricciones que son más poderosas cuando mayor es nuestra falta de conocimiento.

Netflix es un ejemplo de innovación problemática. La compañía es un ejemplo viviente de cómo adaptarse antes da por sentados ciertos comportamientos, y luego cómo estrellarse y arder en el lento, espantoso e implacable foco del escrutinio de la opinión pública. Es posible que no llegue nunca el final de la historia, pero hasta ahora es una historia instructiva. Resulta dramática la comparación entre su éxito superlativo en cuanto a la adaptación estratégica y el discernimiento de las debilidades de su competencia, y, por otro lado, los peligros de una drástica y errada adaptación preventiva.

Todo empezó de manera bastante inocente. Netflix anticipó el futuro de la industria y llegó a la convicción de que este radicaba en el llamado *video streaming*, es decir, videos transmitidos en tiempo real por Internet. Los días en que los DVD les llegaban a la puerta de su residencia a los suscriptores eran ya cosa del pasado y pronto iban a desaparecer. Desafortunadamente para Netflix, sus clientes se negaron tozudamente a ver las cosas del mismo modo que las veían ellos. Continuaron optando por las tarifas de suscripción que incluían también la entrega a domicilio de los DVD. Pensaban de manera insensata que era preferible contar con ambos servicios y siguieron pagando por ellos.

La gerencia de Netflix, ansiosa por reeducar a sus clientes, decidió dejar de ofrecer el servicio que incluía videos por Internet así como DVD. En lugar de seguir cobrando $9,99 al mes por número ilimitado de videos más suscripción al servicio de DVD, los clientes tendrían que pagar $7,99 mensual por cada servicio separadamente. Los cambios se hicieron de un día para otro, sin advertencia previa. No se ofrecían otras opciones; los clientes podrían pagar más o buscar alternativas para ver películas en casa. Ante esta disyuntiva, más de un millón de clientes cancelaron sus suscripciones.

La pérdida de un millón de clientes era una pésima noticia para Netflix. Un millón de clientes representaba aproximadamente el 4 % del total. Cuatro de cada cien se retiraron y muchos de los que se quedaron no estaban contentos con lo ocurrido. Peor aún, muchos de los clientes que se habían marchado formaban parte de clientes suscritos solo a los videos por Internet, que se habían sentido molestos por la manera en que había actuado la compañía. La reacción del gerente general de Netflix fue la de anunciar que iban a dividir la compañía en dos; una para los DVD y otra para los videos por Internet. Los accionistas reaccionaron con una caída del 2,5 % en el valor de las acciones en cuestión de solo un par de horas.

Cuando el gerente general de Netflix afirma que "las compañías rara vez mueren por avanzar rápidamente, pero mueren con frecuencia por avanzar lentamente", está confundiendo avanzar velozmente con adaptarse exitosamente. La velocidad no siempre es una virtud. No existe una velocidad ideal de adaptación porque la adaptación está ligada a la unión entre el entorno y las acciones. Es posible acelerar los cambios debido a la impaciencia en lugar de la urgencia, y debido a la arrogancia más que a la ignorancia.

Es más acertado decir que las compañías rara vez mueren por haber tomado las medidas acertadas y que con frecuencia mueren por haber tomado las medidas equivocadas. Es cuestión de actuar en los momentos oportunos más que actuar con velocidad, cuestión más de "saber cuándo" que de "saber cómo". Es posible adaptarse lentamente y prosperar, como también es posible hacer cambios rápidos que son adaptaciones erradas o simplemente superficiales.

En 1999, Reed Hastings ayudó a transformar la industria del alquiler de DVD. Había iniciado Netflix 18 meses atrás con un *modus operandi* de pago por película bastante tradicional, con la salvedad de que se trataba de una tienda cibernética, no de ladrillo y cemento. La idea era competir con Blockbuster usando la ventaja de no tener los gastos operativos normales cuando se tienen instalaciones físicas.

Las cosas cambiaron cuando Hastings se acordó de la irritación que había sentido como cliente en una ocasión en que le cobraron una multa por devolver tarde un video. Motivado por aquel recuerdo, instó a su equipo a adaptar el servicio que iban a ofrecer. Su tarifa de suscripción única, alquiler ilimitado sin multas por tardanza en la devolución y sin costo de envío resultaba una oferta difícil de rechazar y que no rechazaron los 22 millones de suscriptores. Se trataba también de una oferta que confundió a la competencia, en particular a Blockbuster, que pasó la siguiente década intentando, infructuosamente, recuperar el terreno perdido.

Si rebobinamos hasta 1985, fue precisamente Blockbuster la compañía que se adaptó más efectivamente a la creciente demanda de alquiler de películas. La compañía la empezó en Dallas, Texas, David Cook, quien aplicó su experiencia en el manejo de grandes bases de datos computarizadas a la cuestión de ofrecer a los clientes una oferta enorme de la mejor manera. Invirtió 6 millones de dólares en un sistema de almacenaje y distribución que estuviera en capacidad de ofrecer inventarios personalizados a las tiendas individuales.

Blockbuster atrajo la atención del magnate de los negocios Wayne Huizenga, quien la compró en 1987 con la intención de expandirla tanto y tan rápidamente como fuese posible. En un momento dado, en promedio se estaba inaugurando una nueva tienda cada 17 horas. Al mismo tiempo, emprendieron una agresiva expansión al comprar otras tiendas de alquiler de películas. Le vendieron el negocio a Viacom por la desorbitante suma de 8400 millones de dólares en 1998, pero el mercado ya estaba cambiando con mayor rapidez, y en el 2004 se separaron de su empresa matriz.

Por su parte, Netflix había ayudado a cambiar la industria de una manera que Blockbuster no entendía lo suficientemente bien para responder con una adaptación efectiva. Debería haber sido fácil. Deberían haber sido capaces de empezar un servicio para competir con Netflix, aunque inicialmente fuesen un poco a la zaga. Ya tenían un volumen enorme de clientes. Contaban con el dinero. El posicionamiento de la marca era muy alto. Pero desafortunadamente optaron por proteger lo que tenían y por quedarse con sus ideas arraigadas y arcaicas sobre la mejor manera de administrar un negocio de alquiler de películas. En conclusión, no hicieron nada.

Dejarían pasar hasta 2004 para lanzar su servicio de alquiler de DVD por Internet y otro año más para eliminar las multas por tardanza en las devoluciones y quedar a la par con Netflix. En 2007, el siguiente gerente general suspendió el servicio por Internet y se concentró en el alquiler de películas en las tiendas debido a las dudas que se tenían sobre la rentabilidad, pero también porque él tenía amplios conocimientos sobre los negocios al por menor, pero no sobre el universo de las innovaciones en la red. No entendía la naturaleza de la adaptación que se requería, de modo que decidió no tratar de entender. Fue un enorme error.

En un plazo de tres años, la compañía fue retirada del listado de la Bolsa de Valores de Nueva York y no estaba en condiciones de pagar el interés correspondiente a más de 40 millones de bonos. Hacia el final de 2010 se acogió a la protección de bancarrota, cuando ya tenía una deuda de 900 millones de dólares. Con el tiempo que les concedía la Legislación 11 de la Ley de Bancarrota intentaron adaptarse lo suficiente para mantener abiertas todas sus 3300 tiendas. Sin embargo, al final no contaban con suficiente efectivo. La otrora orgullosa Blockbuster fue vendida en una subasta por 320 millones a Dish Network, la segunda operadora más grande de televisión por pago de Estados Unidos, que dejó abiertas unas 600 tiendas. ¡600, cuando habían llegado a ser 4000!

Estamos hablando en detalle del alquiler de películas, pero las ideas son aplicables a cualquier otra adaptación deliberada. Es preciso reconocer la necesidad de adaptarse, comprender la adaptación específica que se requiere, y luego adaptarse. Resulta irónico pensar que una compañía que se fundó sobre la base de un cambio tecnológico en la manera de ver películas, el paso de la asistencia a las salas de cine al alquiler de videocasetes para ver en casa, hubiera ignorado el siguiente cambio crucial. Esto es un recordatorio de que la experiencia no siempre lleva a una acertada visión del futuro, a una comprensión de lo que sucede o a una adecuada acción.

Es posible que Netflix salga triunfante de todo esto. La compañía cuenta con dos terceras partes del mercado de películas digitales en los Estados Unidos. Su competidor más cercano, Comcast, tiene un 8 % de participación en el mercado, mientras que otros tres rivales, Direct TV, Times Warner y Apple, se queda cada uno con un 4 %. Y sin embargo, es completamente posible que una persona o compañía avancen demasiado rápido para su propio bien, tan adelante de la tendencia que sean ellos quienes se sientan impresionados con el avance en lugar de los compradores de sus productos o servicios. O, para ser más precisos, es posible avanzar rápidamente, avanzar con arrogancia y ser incapaz de que sus seguidores compartan su entusiasmo. En lo que se refiere a adaptabilidad, siempre hay que volver a empezar.

El problema es que si los clientes saben que un negocio no es bueno para ellos, por lo general tampoco es bueno para la compañía. No es algo que se planifique así. Al efectuar los cambios drásticos que hizo, Netflix pensó que podría cosechar todos los beneficios con esos cambios: ingresos mayores y una disminución gradual de las actividades del servicio menos rentable. El paso de dos servicios separados a dos compañías separadas (Netflix y Qwickster) tenía la intención de proteger el prestigio de la marca Netflix, al tiempo que se retiraban poco a poco del mercado de Qwickster. Pero si los clientes pensaban que el cambio era malo para ellos, entonces optarían por retirarse, lo cual pasaría a ser malo para ambas compañías.

Los clientes fácilmente habrían podido sobrevivir sin Netflix. Habrían podido comprar los DVD o usar otros servicios para alquilarlos. Habrían podido regresar a Blockbuster, que inmediatamente empezó una campaña recalcando que "Netflix había incrementado sus precios en un 60 %". Un buen número de los 22 millones de usuarios de Netflix tenía ahora un incentivo para descubrir la oferta de películas por Internet, gratis o de pago, legal o ilegal. Antes no se habrían puesto a buscar alternativas, pero a partir de ese momento sí lo harían.

Pequeñas adaptaciones, como la regla Rooney, pueden tener enormes consecuencias positivas. La obsesión con lo superficial, como las estatuas inmensas de los habitantes de la isla de Pascua, pueden reducir de manera dramática las oportunidades de prosperar. Esto puede causar una enorme presión en la capacidad de adaptación de los grupos. Los Rapa Nui lograron adaptarse, pero no han conseguido, hasta la fecha, recuperar sus glorias pasadas. Es la combinación del reconocimiento, la comprensión y la acción lo que permite la adaptación.

Regla 9

Conceda libertad a los radicales

La última semana de agosto de 2005, el presidente de Facebook, Sean Parker, fue arrestado por posesión de cocaína. El arresto fue utilizado como excusa para que los inversionistas lo sacaran de la compañía, preocupados por el grado de influencia que tenía con el fundador de Facebook, Mark Zuckerberg. La tarde del 22 de septiembre de 2011, el mismo Sean Parker estaría al lado de Mark Zuckerberg para anunciar innovaciones que podrían transformar la industria de la música.

El radical hacía su regreso triunfal aunque, a decir verdad, realmente nunca se había marchado. Él era una de las razones de la incesante e incansable adaptación que ha caracterizado a Facebook. Sean Parker nunca se contenta solo con lo que es seguro. Nunca acepta lo que es tradicionalmente obvio. Desconfió de la opinión de los inversionistas iniciales. Insistió en todos los tonos en que la compañía siguiera siendo independiente. Y ha resistido más que los capitalistas de alto riesgo que lo sacaron en aquella ocasión.

En la existencia humana hay un conflicto entre las fuerzas del caos y las del orden, pero no siempre ocurre de la manera en que es representada en los medios. En la vida de las organizaciones son tan relevantes las preferencias particulares como el profesionalismo. No hay nada innatamente superior en términos de eficiencia entre un escritorio minuciosamente ordenado y uno desordenado, o entre encaminarse a paso seguro hacia un sitio mejor o hacer descubrimientos provocados por la curiosidad.

En la existencia de los grupos humanos, el concepto de realismo puede ser usado más como una estrategia de control político que como una manera objetivamente superior de adaptarse para lograr un mejor futuro. También puede tratarse de una lucha entre las personas a quienes la incertidumbre les incomoda y aquellas que encuentran la certidumbre muy poco gratificante.

El alarmismo sobre lo negativa que resulta la desorganización puede llevar a niveles tan excesivos de organización que se disuadan los comportamientos creativos y rebeldes necesarios para una gozosa renovación. Si se cuenta con suficientes recursos, el *statu quo* funcionará por un tiempo. Hasta que la siguiente tendencia tecnológica, cambio climático o tendencia social dejen al descubierto que los enfoques tradicionales han pasado a ser obsoletos.

Los innovadores apuestan por las ideas, mientras los empresarios apuestan por las opciones. Los administradores tienden a jugar sobreseguro llevando a cabo los ascensos predecibles, mientras los líderes a más alto nivel pueden sentirse tentados por la seguridad que ofrece el tamaño, ya sea el tamaño de la organización o el de su pensión de retiro. Tienden a depender de lo que parece ser seguro. Desean sacar partido de lo que alcanzan a prever si las cosas continúan tal como se espera. Los empresarios y los innovadores buscan la satisfacción que les da ver cómo sus acciones cambian y moldean el futuro de maneras nuevas. Son pensadores eficaces.

Cuando las cosas se presentan fáciles, casi cualquiera puede parecer eficiente. El juego puede entonces pasar a ser uno de efectividad tan superficial, que no pueden ganar aquellos realmente efectivos. Cuando las elecciones que hay que tomar parecen obvias, los líderes sin imaginación pueden ser recompensados por hacer esas elecciones obvias, incluso cuando ellos saben que se trata de elecciones erradas. Y si se marchan a otro sitio, se retiran o mueren antes de que se conozcan las consecuencias de esas decisiones, entonces puede decirse que para ellos funcionaron esas malas decisiones.

En 2007, Starbucks se encontraba en problemas. Los problemas eran tan graves que el fundador y presidente del Consejo de Administración, Howard Schultz, le escribió al gerente general Jim Donald para advertirle que la experiencia de una visita a los locales de Starbucks se estaba "diluyendo", con el consiguiente impacto tremendamente dañino para el éxito del negocio en general. Tan graves eran los problemas que el fundador de la compañía regresaba a tomar las riendas. Era tal la dimensión de las dificultades, que Starbucks tuvo que cerrar 977 locales en Estados Unidos y despedir a 1000 personas. El número de clientes se había reducido por primera vez desde que empezó a cotizar en la bolsa de valores. Con las ganancias en declive, el precio por acción cayó en más de un 50 %, al extenderse el temor de los inversores acerca del mercado en general y Starbucks en particular.

Jim Donald, el nuevo gerente general de Starbucks, había sido elegido a dedo por su predecesor, y ello era parte del problema. En lugar de adaptarse a las circunstancias, Donald inconscientemente aceleró las tendencias negativas. En su proceso de toma de decisiones había poco campo de acción para los matices. Vio que existía un patrón invariable de apertura de nuevos locales, y, en consecuencia, abrió aún más locales de Starbucks. Antes de convertirse en gerente general, se había ocupado de abrir nuevos locales dentro de Estados Unidos, de manera que casi todos los nuevos locales que él abrió se encontraban también en alguno de los 51 estados de la Unión Americana. Había planes para abrir otros 900 locales en el país el año que fue obligado a dimitir de la compañía. El mismo año en que Schultz hizo cerrar 977 locales.

Al recibir su nombramiento como gerente general, Jim Donald no había dicho nada sobre la experiencia de visitar un local de Starbucks. Ni una palabra. Habló de lo privilegiado que se sentía de ser el sucesor de Orin Smith. Habló de lo optimista que se sentía por las oportunidades que iba a brindar el futuro. Afirmó que esas oportunidades eran prácticamente infinitas. Explicó lo orgulloso que se sentía de formar parte de un equipo administrativo de altísimo nivel. Pero ni una palabra sobre la gente con la que iba a trabajar o sobre la contribución de Starbucks a la sociedad. Ni una sola palabra tampoco sobre el resto del mundo, sobre ningún otro de los muchos países fuera de Estados Unidos donde existían filiales de la compañía. Nada dijo sobre tomar alguna iniciativa asombrosa o significativa o diferente. No podría haber sido más reservado.

Las acciones superficiales pueden parecer casi idénticas a las decisiones profundas, pero no lo son. Carecen del entendimiento y la inteligencia que llevaron a tomar esa decisión. La valía de las acciones depende de las circunstancias. Abrir un nuevo local no es en sí acertado o desacertado. Una eficiencia cada vez mayor en la atención a los clientes no es en sí acertada o desacertada. Depende de cómo se hace y cuándo se hace. El problema con los no radicales es que son motivados por todo, excepto por lo esencial. Jim Donald quería ser considerado como un gerente general exitoso y ofrecer un desempeño financiero sin precedentes. Schultz quería crear un sitio nuevo, un entorno distinto, una auténtica experiencia *sui generis* para los amantes del café.

Orin tenía un entendimiento más profundo de la manera de pensar que tenía su radical e innovador mentor. Cuando tomaba decisiones, su mente había aprendido hábitos y consideraciones que se ceñían de cerca a los ideales del fundador de la compañía. Escucharlo hablar sobre Starbucks es como tener acceso a una conversación entre él y Schultz. Si menciona el tema de la eficiencia, parecería que la voz de Schultz lo estaba instando a recalcar la autenticidad. Jim Donald no cuenta con la voz interior de Schultz advirtiéndole que deje campo para la belleza y el riesgo. En lugar de ello, tiene solo su propia voz interna que le habla de las eficiencias de escala y las tasas de inversión.

Cuando la desaceleración se hizo sentir con gravedad, Schultz encontró su propia voz de nuevo. Concluyó que el aspecto romántico e inspirador de Starbucks se había perdido. Escribió un memorando que se hizo famoso al filtrarse a los medios de comunicación, en el cual hacía un recuento de la serie de decisiones tomadas en los diez años anteriores que habían despojado a la compañía de su esencia del pasado. Le dolían sobremanera las críticas de que el ambiente en los locales de Starbucks había pasado a ser estéril, monótono, desprovisto de pasión. Para él se trataba de mucho más que acumular dinero.

La tarde del 26 de febrero de 2008 se cerraron todos los locales de Starbucks en Estados Unidos. En la ventana de cada uno de ellos se leía este letrero: "UN ESPRESSO MAGNÍFICO REQUIERE PRÁCTICA. POR ESO NOS ESTAMOS DEDICANDO A PERFECCIONAR NUESTRO OFICIO". Todos los 135 000 baristas fueron reentrenados en cómo servir la taza de café perfecta. Se les enseñó de nuevo a moler el café en lugar de depender de las máquinas automatizadas y el café molido empacado al vacío. En respuesta a una prueba a ciegas del sabor que arrojó como resultado que el café de McDonald's era mejor, experimentaron con un nuevo proceso de tostado para crear una mezcla especial de la casa. Schultz no estaba pensando en medir márgenes de ganancia y coeficientes de gestión clave; lo que se había propuesto hacer era ofrecer un producto y un servicio que les encantara a los clientes.

En 2010, ya Starbucks se había recuperado. Ingresos récord por 10 700 millones de dólares se reflejaron en un aumento en el precio de las acciones de 8 a 30 dólares por unidad. Con el cerebro radical del fundador a la cabeza de la compañía, otra vez estaban a la cabeza de la industria.

En ciertas circunstancias, los radicales pueden influir sobre el resto del grupo. Esta influencia adopta formas diferentes. Están los radicales encantadores, que utilizan el carisma para hacer que la gente los siga. Están los radicales deseosos de probar que "el mundo está equivocado", que intentan lo no convencional, lo absurdo e incluso lo peligroso con el fin de probar que tienen razón acerca de algo que es importante para ellos, intelectualmente o de alguna otra manera.

Esta influencia es útil para la adaptabilidad del grupo. Forma parte del mecanismo de adaptación porque posibilita la consideración de puntos de vista no convencionales para cada etapa. El grupo se encuentra en un peligro mayor cuando las circunstancias cambian más allá de la experiencia reciente. En ese caso, la gente no sabe qué se debe hacer para salir del paso con éxito. Es posible que ni siquiera estén conscientes de la necesidad de adaptarse. Los radicales resultan útiles al insistir en las alternativas, y demostrar de manera obsesiva que estas alternativas sí funcionan.

Robert Lanza alteró el código genético de los pollos haciendo experimentos en el sótano de la casa de sus padres cuando tenía catorce años. No solo era notable su juventud, sino también el hecho de que estaba transfiriendo genes de pollos negros a pollos blancos tan solo tres años después de que fuese descifrado el código genético. Corría el año de 1969 y, mientras el resto del país se encontraba obsesionado con la primera misión tripulada a la Luna y los jovencitos de su edad jugaban con pelotas y balones, él estaba jugando a ser Dios.

Orgulloso de sus logros, Lanza se presentó en las instalaciones de la Escuela de Medicina de Harvard con sus pollos, o al menos con los resultados de sus experimentos con pollos. Los profesores de la universidad empezaron a brindarle orientación a nuestro adolescente radical, y fue así como su experimento con los pollos sería publicado después de un tiempo en las páginas de *Nature*, la revista científica más sobresaliente a nivel mundial.

La niñez de Robert no había sido la historia de privilegios y oportunidades de Bill Gates III. Debido al entorno en que vivía su familia, con un padre que era apostador profesional con poca suerte, en Roxbury, una zona muy dura de Boston, sus profesores lo clasificaron entre los estudiantes lentos. Lo ubicaron en el tercer grupo, con los estudiantes de capacidades más limitadas de la escuela. Cada día en la escuela lo pasaba con niños a punto del fracaso escolar. Cada día después de clase se iba a merodear por los terrenos circundantes y explorar la naturaleza, pues rara vez le permitían estar en casa salvo para cenar y dormir.

Lanza recuerda cómo se fascinaba por todo. Quería comprender cómo funcionaba su universo. Una pareja de vecinos le daba el poco de atención y de apoyo que no encontraba en su propio hogar. Si les traía algún insecto, compraban una lupa. Si descubría el huevo de un ave, compraban un libro de ornitología. Esa pareja de vecinos que se preocupaba por él le transmitieron sus valores de hacer siempre lo correcto y combatir por lo justo.

Cuando tenía diez años, sus maestros de quinto grado se dieron cuenta de que el muchacho tenía talento y lo inscribieron en una feria de la ciencia. Ocupó el segundo lugar, y entonces comprendió que no era preciso dejarse restringir por las limitaciones de su entorno. En el octavo grado su profesora de Ciencias se saltó las reglas y lo anotó en el curso de la escuela secundaria para los estudiantes de Biología más aventajados. Para probar sus méritos a quienes dudaban de él, alteró el código genético de los mencionados pollos. Los profesores lo aprobaron con la nota mínima.

Durante los dos años que siguieron a su grado de la Escuela de Medicina no hizo otra cosa que pensar acerca de cómo funcionaba el universo. Al salir de este período sabático que él mismo se asignó, se concentró en la búsqueda de soluciones para el problema del rechazo de tejidos al trasplantar células productoras de insulina a las personas diabéticas. Sus experimentos demostraron que si se rodea un órgano con las células del propio paciente, no se presenta el rechazo. Llegó a esta conclusión al inyectar células del islote del páncreas de un paciente en su vena porta, después de lo cual las células se instalaron sin ningún problema en el hígado del paciente.

En 1990, comenzó a trabajar para Bill Chick, quien se estaba muriendo de diabetes. Bill quería que Robert lo salvara haciendo que sus métodos tuvieran también efecto en la insulina. Al escuchar las nuevas noticias sobre la oveja Dolly, el primer mamífero en ser clonado, un logro alcanzado por el Instituto Roslin en Escocia, Lanza tuvo la certeza de que la solución radicaba en usar células madre clonadas del paciente enfermo. Chick no estaba convencido y murió antes de ensayarlo.

Sin dejarse desalentar, Lanza se vinculó a una compañía de clonación llamada Advanced Cell Technologies (Tecnologías avanzadas para células). Antes de comenzar su trabajo debía convencer a los Institutos Nacionales de Salud de los Estados Unidos que le permitieran la clonación de embriones, a pesar de que en ese momento la gente estaba en contra de ese tipo de trabajo. Lanza recibió amenazas de muerte y la condena del Papa, pero también recibió cincuenta cartas de apoyo de ganadores del Premio Nobel y autorización para iniciar su trabajo. Los radicales no se arredran ante las dificultades, lo cual es un motor para el progreso.

Como resultado de su trabajo, en 2011 se dio inicio a ensayos clínicos en California y en Londres basados en las células madre embrionarias. Son ensayos que tienen como objetivo la regeneración de células de la retina en personas que sufren de distrofia macular. Esta enfermedad produce una degeneración gradual de la visión central, por lo cual los afectados únicamente tienen visión periférica. Este procedimiento, que tarda una hora, inyecta una suspensión de 50 000 células en la retina de los jóvenes pacientes afectados por un trastorno genético llamado Stargardst, que destruye tejidos de la retina y produce ceguera.

Cientos de científicos están desarrollando tratamientos con células madre embrionarias, a pesar de las restricciones legales y las objeciones religiosas. Muchos de ellos tienen como líderes a personas que sencillamente no aceptan las restricciones de la tradición, o los límites del conocimiento. Son personas que sueñan con el día en que las células madre sean usadas para reemplazar las partes defectuosas del organismo. Quieren comprender hasta qué punto podemos adaptar nuestros métodos de descubrimiento, y hasta qué punto podemos adaptar nuestros cuerpos para superar las fallas genéticas.

A la hora de resolver lo que no se ha resuelto anteriormente, la flexibilidad intelectual es más importante que el coeficiente intelectual. El deseo obsesivo de comprender y de mejorar mostrado por Sean Parker, Howard Schultz y Robert Lanza se convierte en un trampolín para el pensamiento y la acción. No pueden evitar hacerlo; su naturaleza los lleva a radicalizar todo lo que tocan. Se aburren fácilmente con la repetición de la repetidera, incluso cuando ha resultado lucrativa. Se enfrentan sin cuartel a los bastiones del *statu quo*, perturban el equilibrio de las viejas alianzas, y alborotan los nidos de avispa de las convenciones aceptadas.

En 1966, cuando Robert Lanza todavía pasaba trabajos en quinto grado, el profesor Liam Hudson de la Universidad de Cambridge buscaba identificar dos tipos de estudiantes listos. Estaba interesado en las teorías creativas de Getzels y Jackson, quienes habían propuesto en 1960 que un coeficiente intelectual alto no era una indicación patente de una habilidad alta. Administró las pruebas de Getzels-Jackson a 95 estudiantes y descubrió que se dividían en dos tipos diferentes: los convergentes y los divergentes.

Los alumnos convergentes por naturaleza buscan una respuesta para cualquier problema. Rápidamente descartaron las respuestas erradas para determinar cuál era la correcta. Si ya sabían la respuesta, la utilizaban sin más consideraciones ni tardanzas. Se involucraron en la tarea con entusiasmo, interesados en encontrar las respuestas predeterminadas a las preguntas predeterminadas.

Los alumnos divergentes crean tantas preguntas como son posibles para un problema dado. Su juego consiste en generar opciones y posibilidades. Encuentran poco interés en repetir lo que ya se sabe. No pueden aceptar fácilmente las limitaciones de aquel criterio que estipula que existe una sola respuesta en lo que se refiere al conocimiento o a la vida. Por lo tanto, encuentran aburridas las pruebas de coeficiente intelectual y obtienen malos resultados en ellas. No les dan valor a las pruebas, y, simultáneamente, muchas personas que sobrevaloran las pruebas los subestiman a ellos. Sin embargo, estos son nuestros radicales, aquellos que pueden ver nuevas posibilidades. Y en épocas de gran incertidumbre o de nuevos desafíos, los necesitamos.

Hudson encontró que un 75 % de los alumnos que eran convergentes sobresalían en las ciencias físicas, mientras que el 75 % de los divergentes sobresalían en las artes y las ciencias sociales. Un número preponderante de aquellos que exhiben talento para crear opciones adicionales eligen seguir materias que respetan los matices y la complejidad, en lugar de aquellas que se inclinan por una sola respuesta correcta. Esto entraña consecuencias significativas para la adaptabilidad, ya que los grupos, tanto pequeños como grandes, requieren alternativas diversas para que las acciones efectivas se adecúen mejor a las situaciones inciertas.

La adaptación se beneficia con una mezcla saludable de enfoques convergentes y divergentes. Una vez que se encuentra una solución que funciona suficientemente bien, se requiere estabilidad para que funcione otra y otra y otra vez. Aquellos que heredan el conocimiento lo pueden utilizar hasta que aquellos que generan el conocimiento reemplazan su legado. Los creadores de conocimiento, los radicales y los rebeldes, son quienes permiten la adaptación.

Regla 10

En grupo se piensa mejor

Lisístrata es una obra cómica que se representó en el 411 a. C. en la antigua Atenas. Escrita por Aristófanes, narra los esfuerzos de una mujer por ponerle fin a una guerra entre Atenas y Esparta. Ella convence a las mujeres de toda Grecia de abstenerse de tener sexo con ningún hombre mientras la guerra continúe.

En la obra, los hombres de ambos bandos están desesperados por tener sexo y acceden a tener conversaciones de paz. Lisístrata les presenta a una bella mujer llamada Reconciliación. La imagen de esta mujer, símbolo de todo lo que es bueno acerca de la paz, alienta a las delegaciones a resolver sus problemas. Por fin llega la paz y comienzan los bulliciosos festejos en la Acrópolis.

El personaje principal de la obra es ficticio, aunque la guerra fue real y no tuvo un final fácil o rápido. Se prolongó por veinticinco años, durante los cuales ponerle fin parecía imposible. Después de que se presentara por primera vez la obra, siguieron otros siete años de guerra, que tuvieron como resultado el fin parcial de la democracia y la reducción de la prominencia de Atenas.

En septiembre de 2006, un grupo de viudas y novias de pandilleros en la ciudad de Pereira, en Colombia, anunció una huelga de sexo para poner fin a la violencia. Se le llamó la "huelga de las piernas cruzadas" y tuvo éxito al enviar el mensaje de que matar no era sexualmente atractivo y dio como resultado un descenso del 26,5 % en los asesinatos. En abril de 2009 un grupo de mujeres de Kenia organizó una huelga de sexo por una semana; animaron a las esposas de los políticos para que las apoyaran e incluso se ofrecieron a pagarles a las prostitutas por la pérdida de ingresos.

Pero, de lejos, la más dramática de las huelgas de sexo tuvo lugar en Liberia, donde Leymah Gbowee organizó una serie de protestas masivas no violentas. Esta adaptación no obvia que hicieron las mujeres de Liberia a su guerra civil de 14 años tuvo éxito al hacer posible alcanzar la paz. En 2005, su campaña también contribuyó a elegir una nueva presidenta, Ellen Johnson Sirleaf, la primera mujer presidenta en el continente africano. Ambas mujeres recibieron el Premio Nobel de la Paz.

Para el año 2002 más de un cuarto de millón de personas habían sido asesinadas en Liberia. Este fue el año en que Leymah Gbowee decidió que los cambios deberían proceder de las madres. Ella llevaba años trabajando con niños excombatientes en calidad de trabajadora social y de consejera postraumática. Fue esta experiencia la que le ayudó a encontrar una respuesta no obvia en contra de la guerra.

Serían las mujeres quienes cambiarían las reglas del juego. Las mujeres, que habían comenzado cantando juntas en un mercado de pescado en la capital. Las mujeres, que no querían que sus hijos siguieran muriendo en el conflicto. Fueron las mujeres quienes presionaron a Charles Taylor, el dictador, para que comenzara las negociaciones de paz. Fueron las mujeres quienes marcharon hasta el hotel donde las negociaciones estaban estancadas. Y fueron las mujeres quienes retaron a los negociadores a firmar un acuerdo de paz integral con un nuevo Gobierno.

El significado de la historia de Liberia es que el movimiento de mujeres, por medio de la reflexión y la adaptación, superó al dictador. Reunieron a cristianos y a musulmanes, algo que el Gobierno no había podido hacer. A través de la no violencia, incluyendo la huelga de sexo, lograron que sus voces fueran escuchadas. Reconocieron que la adaptación era necesaria, entendieron cómo tenía que ser esa adaptación, y estuvieron mejor organizadas que las diversas facciones enfrentadas.

La mayor parte del tiempo, una adaptación exitosa consiste en pensar mejor. Esto puede incluir trabajo duro, pero muy rara vez es esta la diferencia principal entre una forma y otra mejor. La inteligencia es la habilidad para adaptarse a las situaciones, o en la medida de lo posible, es la habilidad para adaptar las situaciones a nuestros requerimientos. Es la habilidad para ver patrones de comportamiento y responder de forma creativa a ellos, de tal suerte que estos patrones cambien en la forma que deseemos que lo hagan.

Después de que terminó la guerra civil de Liberia, con el líder de la dictadura en juicio por cargos de crímenes de guerra, Gbowee hizo llamados para un proceso de verdad y reconciliación en una forma similar a las adaptaciones exitosas de Sudáfrica e Irlanda del Norte. Fue también un eco de *Lisístrata*, donde la reconciliación es una hermosa mujer que significa todo lo que puede traer la paz.

La adaptación humana puede ser genética, tecnológica o de comportamiento, pero los intentos por adaptar la cultura o el comportamiento social requieren del apoyo colectivo para poder ser exitosos. Este colectivo no necesita empezar con un apoyo mayoritario; a menudo comienza con un individuo que encuentra un pequeño núcleo de gente que lo respalda, y juntos luego mejoran los argumentos y los métodos necesarios para movilizar a la acción a una mayoría.

Una de las personas que ha investigado el proceso de convencer a una mayoría para alterar el comportamiento colectivo es Peter Hedström, uno de los fundadores de la sociología analítica. Hedström, profesor de Sociología en Oxford, enfoca su investigación en redes sociales complejas. Pretende entender lo mejor posible cómo funcionan los mecanismos sociales para describirlos de forma precisa y detallada.

La informática moderna les ha permitido a los científicos comenzar a analizar complejas interacciones humanas. Parte de este trabajo intenta moldear un comportamiento humano basado en suposiciones de los investigadores. Otra parte del trabajo examina interacciones humanas conocidas, en procura de descubrir patrones que revelen mecanismos sociales.

Hedström creó modelos en computador que examinaban lo que es necesario para que un grupo social grande, una corporación o incluso una sociedad cambien de dirección. El investigador critica los modelos económicos simples, puesto que estos suponen que todos tomamos decisiones de una forma racional con una información perfecta acerca de las mejores elecciones posibles.

Los modelos de Hedström sugieren que la mayoría no necesita ser convencida de una decisión en particular para que ellos o una organización emprendan una acción en una dirección determinada. Solo se necesita una mayoría al nivel más alto para convencer a una mayoría total en gran parte de los grupos. Imagine cien personas en una organización dividida en diez grupos de diez personas. Si seis personas del grupo del nivel superior deciden emprender una acción, es probable que las otros cuatro las sigan. Si ese grupo del nivel superior convence a seis personas en otros cinco grupos, entonces es probable que cada uno de estos grupos los siga. El resultado más probable es que el resto de la organización siga la iniciativa de esos seis grupos. Esta aparente mayoría se alcanza con apenas 36 personas que están de acuerdo.

Incluso se necesitan muchas menos personas en una organización muy jerárquica, como es una corporación tradicional. Esto puede ser muy útil en el momento de tomar decisiones rápidas donde la je rarquía está funcionando bien, y el pequeño grupo de personas con autoridad está conectado con la realidad de su mercado. Por el contrario, es una dinámica peligrosa cuando la organización deja de estar sincronizada con su entorno y los líderes son parte del problema.

Research in Motion (RIM), los creadores de los dispositivos móviles de BlackBerry, están en una organización con demasiado peso en la cúpula, con una jerarquía dominada únicamente por dos hombres. Mike Lazaridis y Jim Balsillie cumplen tanto la función de cogerentes generales como la de copresidentes del Consejo de Administración. A los inversionistas no les gusta la concentración de poderes en dos personas dentro de la compañía, pero, sobre todo, no les gusta la incapacidad de RIM para adaptarse tan rápidamente como sus competidores.

En junio de 2011, apareció en varios medios informativos una carta abierta anónima de un empleado de alto nivel de la empresa. En ella argumentaba que la cultura de la empresa ya no permitía críticas ni hablar abiertamente por temor a que sus ascensos se vieran perjudicados. El empleado describe a la compañía como una que está desconectada del deseo de los consumidores, y de lo que quieren los programadores que crean el *software* de los dispositivos. De acuerdo con el empleado, hay demasiada atención puesta en lo que las redes piden y muy poca atención puesta en lo que los usuarios realmente apreciarían. Hacer los cambios para la audiencia equivocada ha desacelerado y distorsionado los esfuerzos para adaptarse a las necesidades del mercado.

Tiempo atrás, en 2007, la situación parecía muy diferente en las oficinas principales de RIM, en Waterloo, Ontario. En aquel entonces sus gerentes generales podían desestimar el "insignificante" éxito que Apple había tenido en el mundo de los negocios y rechazar las sugerencias de que aquellos productos pudieran representar alguna clase de amenaza para ellos. El cogerente Lazaridis dedicó cierto tiempo para describir el teclado virtual del iPhone como uno con "graves limitaciones". Pero de todos modos comenzó a trabajar en una competencia de pantalla táctil.

El problema estuvo en que la competencia para el iPhone no llegó en 2007. Ni en 2008. Pero hasta entonces no parecía un desastre en términos de ventas. En solo unos pocos años, Apple se había tomado el 10 % del mercado de los teléfonos inteligentes (*smartphones*), pero los BlackBerry todavía contaban con el 42 % de todas las ventas. Para 2009 esto era ya más problemático. Apenas estaban un par de puntos porcentuales más abajo, pero aún sin un producto que pudiera competir con el de Apple, que había doblado su participación en el mercado hasta un 20 %, uno de cada cinco teléfonos inteligentes vendidos.

Lazaridis no comprendió la amenaza que representaban las personas que adoraban sus iPhones. Diferentes corporaciones habían invertido en BlackBerries, pero el deslumbrante producto de Apple era mucho más deseable. Cada año traía un nuevo modelo de iPhone con nuevas funciones, y cada vez diseños más hermosos. Cada año, las credenciales de negocios del iPhone se hacían más impactantes, acercándose más y más a la razón principal por la que BlackBerry seguía vendiendo tantos teléfonos manuales.

Fue muy difícil reconocer el problema porque dentro de RIM había muchas razones para pensar que no era algo tan grave. En 2008, habían sido llamados la compañía de crecimiento más rápido del mundo, con un crecimiento del 84 % a pesar de la recesión. Cada año, incluyendo 2011, crecían las ventas y las ganancias. Los problemas que eran evidentes por fuera de RIM no fueron vistos en los niveles superiores.

Debió haber sido un golpe terrible para Lazaridis y Balsillie darse cuenta de que, en mayo de 2011, la participación de BlackBerry en el mercado se había reducido a menos del 25 %. Habían sido superados por Google y por Apple. Todo debió empeorar el 10 de octubre de 2011 cuando los *emails* de BlackBerry dejaron de funcionar, y debió haber sido todavía mucho peor cuando tres días después seguían sin funcionar. Este fue el peor apagón en la historia de BlackBerry: en esa semana, el último modelo de iPhone fue lanzado y se vendieron cuatro millones de aparatos durante esos tres días.

Incluso antes de los problemas, RIM había anunciado que en 2012 se quedarían cortos en sus expectativas de ganancias por cientos de millones de dólares. Sus dos gerentes tuvieron que admitir que el Playbook, su competencia frente al iPad de Apple, se vendía de forma muy lenta. Tuvieron que confesar que la compañía había sido demasiado lenta en sacar al mercado sus nuevos teléfonos inteligentes. Argumentaron que pocas compañías habrían sobrevivido a este caos competitivo, y que gracias a que había dos personas en el nivel superior de la compañía resultó posible. No obstante anunciaron que tendrían que hacer despidos.

Parte del problema se encontraba en lo decepcionante de las características y la calidad de los productos recientes. Playbook, su computador tipo tableta, necesitaba de un teléfono BlackBerry para poder funcionar, sin el cual no tenía utilidad. Salió sin el apoyo de los programadores. Le hacían falta incluso los *software* básicos. Las redes no lo respaldaron porque era obvio que no estaba listo para competir.

Las decepcionantes características y la decepcionante calidad fueron el resultado de la incapacidad de adaptarse en la cima de la compañía. El equipo de cogerentes generales fue de alguna forma incapaz de reconocer plenamente la naturaleza de la adaptación que se requería. Los analistas les mostraron que debían moverse más rápido, pero no lo hicieron. Incluso uno de ellos salió enfadado y a toda prisa de una entrevista en el momento en que un periodista se atrevió a criticarlo.

Ni siquiera parecieron comprender la naturaleza de la adaptación que se requería. Y ciertamente no fueron capaces de explicar de la forma más clara posible lo que estaban haciendo a aquellos que los seguían. Como en el siguiente ejemplo, cuando el cogerente general Balsillie fue interrogado acerca de su reacción al iPhone: "En mi experiencia, una persona puede hacer un bebé en nueve meses, pero nueve personas no pueden hacer un bebé en un mes. Pero quién sabe, tal vez se pueden cambiar algunos componentes naturales para hacerlo posible y tendremos que replantear estos puntos de vista".

Ningún empleado, socio o cliente sería capaz de seguir esa manera tan engorrosa de pensar y expresarse. Es algo que es más profundo que una simple falla en la comunicación. Es exactamente lo que se esperaría si los líderes dejaran de entender lo que debe hacerse. En sus mentes, BlackBerry sigue siendo el celular de más rápido crecimiento, el que rompe récords, el que cambió la industria, el superhéroe al que le hacen publicidad las celebridades. Y hasta el momento han sido incapaces de trascender esa imagen anticuada.

Es posible que encuentren la manera de adelantarse de nuevo a la competencia. Han comprado un nuevo sistema operativo y una nueva compañía para diseñar la forma en que lucirán y se sentirán sus teléfonos. Pero, a menos de que los líderes aflojen su control sobre lo que consideran es lo aceptable o inaceptable, la renovación no va a tener lugar. En apenas cinco años han perdido más de la mitad de su mercado, a muchos de sus empleados más talentosos y casi toda su credibilidad.

Todos esos problemas tienen la misma causa. La dominación que tienen un par de personas sobre la forma en que a todos los demás les es permitido pensar y actuar. Es lo opuesto de lo que es necesario para una adaptación efectiva. Para los empleados que se conforman con no hacer otra cosa que obedecer órdenes, las condiciones de trabajo resultaban bastante buenas. Para los empleados que querían hacer algo para ayudarle a la compañía a adaptarse exitosamente a nuevos retos, las perspectivas laborales eran escasas. Las personas en el nivel superior rechazaban los desafíos a sus puntos de vista y todo esto estimulaba a los aduladores y a los sociópatas de todos los niveles a reprimir las opiniones alternativas:

Si pudiera decirles una sola cosa a Mike, a Jim y al resto del grupo sería esta: No sigan maniatando, con ideas deficientes a lo largo del proceso al increíble equipo conformado por personas inteligentes, talentosas y capaces. Esto está destruyendo a la compañía y a aquellos de nosotros que tenemos que administrarla. Ser capaces de moverse rápidamente y de innovar es lo que salvaría a la compañía y esto va en dirección opuesta a nuestro proceso actual.

Esta visión de la compañía no era poco común. La gente involucrada siempre sabe cuándo algo anda mal. No era una sorpresa para ellos que la compañía tuviera problemas o que la falta de un teléfono de pantalla táctil les pudiera afectar más de lo que pudiera afectar a Apple la falta de un teclado. No fue una sorpresa para los empleados que los ingresos, la cuota de mercado y las ganancias cayeran tan abruptamente. Pero era doloroso observar cómo la compañía a la que amaban se mostraba incapaz de adaptarse.

La dominación que ejercen ideas confusas que proceden del nivel superior y descienden verticalmente por la compañía, cuando solo unas pocas mentes están evitando que las ideas de otros puedan ser escuchadas, es una tendencia que puede ser invertida. Una forma de invertirla es reemplazar a las personas en el nivel superior, para que puedan abrirse y aclararse las conversaciones y el pensamiento dominante. Otra forma de invertir la situación es que un grupo pequeño, en niveles inferiores de la organización, o incluso fuera de la organización, logre cambiar de forma exitosa la visión de la mayoría.

En África, en 2003, a casi trece mil kilómetros de distancia del fabricante del teléfono BlackBerry, un grupo pequeño dio comienzo a algo que cambió la visión de la mayoría en Kenia y en el mundo. Una corriente de pensamiento se originó en Inglaterra, donde Nick Hughes, un empleado de Vodafone, se preguntó si podía adaptar la tecnología del teléfono móvil y hacer que se popularizaran las transacciones bancarias por celular en Kenia.

Nick encontró una forma astuta de atraer la inversión de parte del Gobierno y de su compañía que le permitiera encontrar una respuesta a su pregunta. También encontró una aliada en Susie Lonie, ingeniera y especialista en transacciones bancarias, y que había trabajado en Vodafone desde 2001. Se trasladó a Kenia en 2005 para un viaje de negocios de tres meses y se quedó por otros tres años. En ese tiempo, el servicio conocido como M-Pesa sumaba ya tres millones de usuarios.

El equipo piloto incluía a Sagentia, una compañía pequeña de Cambridge, Inglaterra. Ellos diseñaron el *software* original y los procesos, y proporcionaron apoyo durante el piloto y después de su lanzamiento. Prestaron sus servicios durante las 24 horas del día en los primeros meses de la operación, corrigiendo errores y respondiendo a los retos del rápido crecimiento.

La clave para adaptarse de forma exitosa radicó en la voluntad de pensar en conjunto con gente local que trabajaba para Safaricom, la compañía de Kenia en la cual Vodafone tenía un 35 % de participación. Una de las ideas originales fue la de crear una herramienta que permitiera el pago de préstamos microfinancieros. Esta idea fue adaptada a una idea más universal que le permitía a una persona transferir dinero a otra sin tener que hacerlo a través de una cuenta en el banco. M-Pesa se hizo popular en la economía de Kenia, basada en el manejo de efectivo, porque puso de relieve lo que ya funcionaba.

Pensar conjuntamente con los empleados y los clientes de Kenia fue lo que marcó la diferencia, puesto que le permitió al equipo comprender qué clase de servicio podría encajar bien para implementarlo. Esto se aplicó a la forma en que los teléfonos prepagos pueden ser empleados para trasladar dinero. También se aplicó en mantener el sistema tan simple como fuese posible. Del mismo modo, se aplicó para la campaña de mercadeo "Envía dinero a tu hogar", que enfatizaba la importancia de este servicio en la sociedad keniata: el hogar.

También hicieron énfasis en el deseo de muchos keniatas de no tener que entenderse con organizaciones consideradas burocráticas, lentas o incluso corruptas. El nuevo servicio no requería una cuenta de banco, y, por ende, tampoco de bancos. Y no requería una línea telefónica fija, por lo tanto no había que involucrarse con los antiguos monopolios. La regulación del Gobierno que cubría al comercio de celulares y a los bancos se vio forzada a adaptarse después de que la gente ya había creado un mercado.

Ahora el servicio cuenta con catorce millones de usuarios. Los padres lo utilizan para pagar las mensualidades de la escuela y para enviar mesada a sus hijos. Se usa para pagar las bebidas en bares donde no se puede garantizar ningún otro sistema. El dinero electrónico no puede ser robado con facilidad y ha encontrado usos en el transporte público, y desde entonces se ha expandido hasta ser una cuenta de ahorros que paga intereses en depósitos por encima de un chelín keniata (un centavo de dólar).

La mayoría de los intentos de adaptación son una especie de proceso de ensayo y error que adivina lo que podría ser la mejor elección basándose en el pasado, y luego crea hábitos alrededor de lo que se ha hecho más a menudo. Para la mayoría de las personas, la decisión de seguir un cierto patrón de acciones se hace muy rápidamente y con poca comprensión de los motivos de los demás.

En 2010 un fascinante experimento fue llevado a cabo con dos grupos de jugadores en un juego de negocios. Se reclutaron estudiantes de pregrado y posgrado de Administración de Empresas de la Universidad de Virginia. A cada uno se le pagó diez dólares por participar y luego podían ganar dinero en efectivo, dependiendo de qué tan bien lo hicieran en el juego. Dos socios interpretaban los roles de dos vendedores de periódicos que compartían las existencias que tenían disponibles para la venta y así tratar de reducir los problemas de hacer pedidos excesivos o insuficientes.

El objetivo del juego era elegir un pedido por una cantidad que fuera la más aproximada. Si uno de los jugadores pedía muy pocos periódicos mientras el otro pedía demasiados, los periódicos adicionales eran transferidos entre ellos. La demanda de los clientes se generaba al azar. A los jugadores se les decía cuántos ejemplares habían sido transferidos. También se les contaba acerca de los costos locales, los ingresos y el historial de decisiones. Se jugaron alrededor de treinta rondas del juego por espacio de una hora.

Los investigadores buscaron tres clases diferentes de tomas de decisiones que se habían encontrado en otra investigación. Los jugadores podían aprender a medida que adquirían experiencia, podían determinar un modelo racional de lo que pasaría o podían combinar ambos métodos en una sofisticada forma de pensamiento anticipativo.

Resultó que ninguno de los jugadores tomaba todas las decisiones basado en un modelo de pensamiento anticipativo de lo que debería pasar. Casi ninguno de los jugadores utilizó ningún modelo de pensamiento anticipativo para guiar sus acciones; en lugar de ello, respondieron al primer par de resultados y se quedaron encerrados en el mismo patrón hasta el final del juego. Solo un pequeño grupo (5 %) mezcló ambos aprendizajes y un modelo racional y este inusual grupo cometió el error de suponer que sus compañeros también tendrían un pensamiento anticipativo.

Así que tenemos a una vasta mayoría que procede sin ningún plan, adaptándose únicamente y de forma breve a las experiencias iniciales. Y tenemos a la pequeña minoría capaz de planear cuatro movimientos adelante, aunque es más probable que sea creyendo que la mayoría comparte su pensamiento anticipativo, con lo cual están reduciendo la efectividad de su plan.

Aquí aparece un patrón común de pensamiento colectivo. La mayoría de las personas se ciñen a un curso particular de acción, toman decisiones apresuradas y no logran adaptarse ante la evidencia de que sus decisiones fueron equivocadas. Como resultado, únicamente una pequeña proporción de las experiencias de la mayoría de las personas conduce a un nuevo aprendizaje.

Las mentes son el punto de partida para la adaptación. Sin embargo, ya sea superficial o profunda la adaptación, o si la adaptación es efectiva o no, el cerebro envía órdenes al resto del cuerpo. Algunas veces se emprenden acciones después de considerar un amplio rango de posibles acciones. Con mayor frecuencia se elige una correspondencia rápida y desagradable entre las acciones, y lo que el cerebro piensa que está sucediendo. Las personas ni siquiera saben las razones por las que hicieron lo que hicieron.

Aquellos que piensan anticipativamente están errados si dan por sentado que otras personas piensan de igual manera que ellos. La habilidad para pensar varios movimientos con antelación se ve limitada por la inhabilidad para sentirse identificados con un mundo poblado por aquellos que no piensan varios movimientos con antelación. Únicamente si cambian sus suposiciones, sus planes serán más propensos a moldear los eventos del mundo real.

La mayoría de nosotros se beneficia si se tiene una mente abierta sobre la efectividad probada de nuestras acciones. Podemos darnos cuenta de que nuestras acciones no están funcionando exactamente como lo pretendíamos. Podrían ocurrir consecuencias imprevistas que son mejores o peores de lo que esperábamos. Comprender mejor la brecha que existe entre la intención y la realidad puede ayudarnos a una adaptación más efectiva a los eventos y a las situaciones.

Cuando la comunicación se interrumpe, nuestra habilidad colectiva para adaptarnos se reduce. Puesto que no podemos compartir información se nos dificulta reconocer la necesidad de adaptarnos. Incluso cuando la reconocemos, es difícil estar abiertamente de acuerdo acerca de la clase de adaptación que es necesaria. Y, debido a razones de incomprensión mutua, cualquier acción generalizada se hace mucho menos probable.

La naturaleza del problema puede parecer obvia a muchos de los que están involucrados. El problema es que aquellos que quieren colaborar carecen del conocimiento acerca del comportamiento de los otros que se requiere para que la gente piense y trabaje junta. El resultado puede ser un estado de confusión donde incluso las personas con mejores intenciones sigan malinterpretando los argumentos de los otros.

El problema empeora si otros jugadores juegan sin buenas intenciones debido a que las posiciones extremas y los prejuicios se convierten en algo habitual. Los jugadores, al comienzo de su experiencia con un juego, adquieren un cierto aprendizaje y luego se ven atascados en los mismos patrones sin tener en cuenta ninguna evidencia de que sus acciones son contraproducentes o mutuamente perjudiciales.

La crisis presupuestaria de 2011 en Estados Unidos es un ejemplo fehaciente de un colapso en el entendimiento y la confianza mutua que impidió que la gente pensara de manera efectiva como grupo. Casi todo el mundo estaba de acuerdo en que la deuda del país era demasiado alta. Casi todo el mundo estaba de acuerdo en que los Estados Unidos deberían seguir pagando los intereses en sus deudas. Y una mayoría se mostraba de acuerdo en que a largo plazo el balance entre los impuestos y los gastos gubernamentales debía cambiar para evitar que la deuda de los Estados Unidos llegara a ser insostenible.

Y, sin embargo, los partidos políticos no lograban ponerse de acuerdo sobre la manera de lograrlo. Los desacuerdos de esa índole no son necesariamente perjudiciales; la adaptación efectiva requiere un rango amplio de posibilidades. Un consenso al que se llega de manera demasiado fácil crea el riesgo de que las alternativas consideradas sean demasiado pocas o demasiado similares. El aspecto perjudicial de la batalla política sobre el techo de la deuda fue que se llevó a cabo sin que las partes trataran de escucharse unas a otras.

Este tipo de pensamiento colectivo ineficiente puede parecer el comportamiento de un zombi. Puede resultar vacilante, tambaleante y amenazador al avanzar sin rumbo y sin provecho para nadie. Del mismo modo existen ideas de naturaleza zombi que van dando tumbos de un lado a otro sin contar con un respaldo significativo. Son ideas que consumen los recursos que se requieren para que prosperen las ideas saludables. Infectan a las ideas que sí tienen vida propia y las dejan incapaces de valerse por sí mismas.

En 2009, en un experimento muy imaginativo, un pequeño equipo de matemáticos de la Universidad de Ottawa se convirtió en el primero en considerar lo que podría sucederles a los humanos en caso de que ocurriera un ataque de zombis. Les concedieron a sus zombis todas las características tradicionales de las películas populares y elaboraron un modelo de su posible expansión. Descubrieron que los zombis tomarían el control, a menos de que los humanos los atacaran rápidamente, doblegándolos antes de que tuviesen tiempo de recuperarse. Es lo mismo que ocurre con los comportamientos estilo zombi: es necesario combatirlos cuanto antes.

Mejorar la capacidad colectiva de pensar es de gran ayuda para la adaptación efectiva. Esto implica a menudo desafiar el pensamiento dominante que ha conducido a una situación indeseable.

El movimiento de mujeres en Liberia tuvo éxito en alterar patrones de comportamiento nocivos que habían provocado la muerte de 250 000 personas. La concentración de poder en la cúspide de la compañía fabricante del BlackBerry impidió una adaptación de pensamiento lo suficientemente rápida para trascender los esfuerzos de sus competidores: Google y Apple. Y la falta de entendimiento mutua entre los partidos políticos estadounidenses ralentizó los esfuerzos para encontrar una serie de adaptaciones efectivas que permitieran avanzar de un estancamiento mayúsculo hacia una gran renovación.

No siempre es fácil comprender la adaptación que se requiere para avanzar hacia una posición triunfante. Los esfuerzos para adaptarse se ven favorecidos si se consigue que las personas piensen mejor conjuntamente, como grupo social. En primer lugar, porque el éxito al pensar conjuntamente incrementa la inteligencia colectiva y la capacidad cerebral que se aplica para la solución de un problema. Y en segundo lugar, porque cualquier nueva información o esclarecimiento son compartidos como grupo. Aquellos que están involucrados comprenden lo que se debe hacer, aumentando la probabilidad de que tengan éxito las acciones adaptativas.

Empiece por mirar la manera como piensa la gente. Explore la manera en que alcanzan decisiones, examine de dónde viene la información y de qué forma comparten sus opiniones unos con otros. Si usted investiga de qué manera piensan las personas conjuntamente, puede encontrar maneras creativas para mejorar esa manera conjunta de pensar.

Regla 11

Consiga un socio excepcional

El juego *Nazi Zombie*, publicado por Activision, surgió de manera accidental. Fue lanzado en 2008 como un minijuego incluido en la quinta entrega de la tremendamente exitosa serie *Call of Duty* (*El llamado del deber*). Había sido desarrollado por ingenieros de *software* que trabajaban para Treyarch, una subsidiaria de Activision fundada en 1996 y localizada en Santa Mónica, California. Ellos eran los responsables de la totalidad del juego y terminaron añadiendo el minijuego, que se convirtió por sí solo en un éxito notable.

El juego *Nazi Zombie* surgió cuando un creador de contenido, Jessie Snyder, y el jefe de diseño de niveles, Jason McCord, estaban trabajando en *Call of Duty: World at War* (*El llamado del deber: El mundo en guerra*). Estaban tratando de encontrar algunos elementos adicionales atractivos. Una de las ideas era una secuencia final impresionante en la que el jugador quedaría atrapado en un búnker alemán frente a oleadas de tropas estadounidenses desembarcando en las playas de Normandía. Más adelante, en un proyecto separado, le agregaron inteligencia artificial a un grupo de soldados japoneses en estado de aturdimiento que, según muchas personas, tenían el aspecto de zombis.

A Jessie se le ocurrió la idea de desarrollar un juego por el estilo de *Tower Defence* (*Defensa de la Torre*), en el cual los jugadores intentarían sobrevivir cada oleada de ataques y luego usar los puntos ganados para comprar armas. Ese tipo de juegos ya existía para jugadores ocasionales por Internet, lo cual sugería que se trataba de un mercado seguro.

Además, Jessie quería desarrollar un modelo para incluir contenido adicional, tal como se había hecho en un juego de carreras de automóviles –*Project Gotham 2*– en el cual un minijuego luego se había separado como una franquicia propia. Se le ocurrió que este modelo podía proporcionar ingresos adicionales y un sitio en el que los creadores de contenido podían sondear ideas extremas, sin afectar directamente la esencia de una franquicia ya en existencia. Y al finalizar tuvo su epifanía: ¡*Nazi Zombie*!

Lo que ocurrió después es instructivo. Rápidamente Jessie se reunió con uno de los productores para proponerle su fantástica idea. Le explicó la idea del juego *Tower Defence*, la manera en que podrían reutilizar las animaciones estilo zombi y el motor ya existente que permitía la intensa visión en primera persona totalmente interactiva. El productor no se mostró impresionado con la idea. Respondió que aquello exigiría demasiado tiempo y demasiado dinero. Adujo también que no tendría cabida, que sería demasiado *kitsch* y un riesgo inmenso. De hecho, después de esto el productor comenzó a trabajar en un minijuego diferente de su propia cosecha.

Afortunadamente para Activision, Jessie siguió compartiendo su idea con otras personas en el equipo que habían experimentado juegos de defensa de la torre de otras redes como *WarCraft*. Alentado por la respuesta que recibió, creó un prototipo de prueba del juego y lo mostró a un par de personas. La reacción fue positiva y el director creativo de la compañía lo autorizó a seguir trabajando en el proyecto. El juego que el mencionado productor estaba desarrollando fue cancelado por falta de recursos, mientras Jessie y uno de los programadores seguían trabajando en *Nazi Zombie* durante los ratos libres y los fines de semana.

El juego siguió recibiendo el apoyo de otros creadores de contenido, programadores, animadores y artistas que estaban entusiasmados con lo que ya se había logrado. Se había ido convirtiendo en un proyecto entrañable para muchas personas en la compañía. Llegó a un punto en que era totalmente funcional, pero lleno de fallas informáticas, demasiado lento y desbalanceado. Los dos individuos que habían dedicado tanto tiempo al desarrollo de su *hobby* estaban exhaustos y con muchas tareas pendientes para el lanzamiento del juego principal. Justo en ese punto en que parecía abocado al fracaso, altos ejecutivos de la compañía intervinieron para que se le dieran a *Nazi Zombie* los recursos que necesitaba. Un genial diseñador de juegos llamado Mike Denny fue elegido para solucionar las fallas y convertirlo en el pulido y estupendo juego que finalmente se ofrecería al público.

A Jessie se le dio la razón sobre la muy probable popularidad del juego en un encuentro de pruebas que realiza Treyarch para examinar nuevas ideas. La cuarta entrega de *Call of Duty* vendió más de 11 millones de copias, y muchos de los usuarios y reseñadores del producto describieron los mapas de *Nazi Zombie* como la mejor parte del juego. En la sexta entrega de *Call of Duty* se ofrecían otros tres mapas, al tiempo que cinco mapas adicionales han vendido más de 18 millones de copias como parte de un contenido descargable. Esto equivale a una porción significativa de los 1800 millones de dólares que genera la compañía por sus ventas de productos por Internet.

Los acontecimientos posteriores resaltan el valor de multiplicar los asociados y las oportunidades para adaptarse. Compartir la franquicia entre diferentes estudios de videojuegos, equipos y países alentó de manera natural que se utilizaran distintos enfoques. También alentó la competencia creativa entre los que estaban involucrados. ¿Cuál de las adaptaciones de la franquicia sería la preferida de los usuarios? ¿Cuál recibiría los mejores comentarios por parte de los periodistas especializados? ¿Cuál vendería un mayor número de copias? ¿O cuál encontraría maneras de incrementar los ingresos? ¿Cuál resultaría más atractiva e innovadora?

Si usted consigue despertar el apego de las personas por hacer un trabajo extraordinario, esas personas están en condiciones de adaptarse a objetivos y a sueños que van mucho más allá de las expectativas en cualquier industria o en cualquier nación. La adaptación no es un asunto de una "única oportunidad de cambiar o morir". Así como lo aprendimos con las hormigas que encontramos a comienzos de nuestro recorrido, las grandes ideas, las innovaciones cruciales, pueden tener lugar de manera muy lenta o muy paulatina en el transcurso de meses, años o siglos. Y es posible que sean ridiculizadas por extraños, o incluso que requieran ser ridiculizadas por extraños para dar el salto final.

El musical _El Hombre Araña_ fue un fracaso de 75 millones de dólares. Financiada por Bono y el resto de los integrantes de U2 y bajo la dirección de Julie Taymor, el genio creativo de _El Rey León_, la producción se proponía darle un vuelco al teatro musical. El grupo se involucró en el proyecto después de que Andrew Lloyd Webber se jactó de que durante 25 años los músicos de rock jamás le habían hecho competencia.

Los acontecimientos parecieron conspirar contra el proyecto desde un principio. El productor original, Tony Adams, sufrió un derrame cerebral mientras el grupo creativo estaba reunido para firmar los contratos y murió dos días después. Impertérritos, siguieron adelante, dejando las decisiones artísticas a Julie Taymor, quien parecía tener como único objetivo que el resultado fuera un espectáculo artístico sin igual, y parecía tener muy poco o ningún interés en presupuestos y cronogramas.

La atención excesiva a los detalles puede llegar a ser onerosa para aquellos que no comparten aquel perfeccionismo. Se suponía que la producción debía empezar los ensayos en 2007, pero no lo hizo hasta 2009. Se produjeron retrasos debido a los costos en constante ascenso, al tiempo que les tomó conseguir fondos adicionales. Otros retrasos se debieron a los desafíos que entrañaban las piruetas para darle vida a tan acrobático superhéroe.

Aceptar las limitaciones o no aceptar las limitaciones, esa es la cuestión. Sacrificar la amplitud de una visión o, por el contrario, tratar de llevarla a buen puerto independientemente de costos y consideraciones a corto plazo. Esas son algunas de las preguntas clave que guían los esfuerzos de los grupos. Y en el caso de Taymor, ella ya había respondido las preguntas con las respuestas propias de un perfeccionista. Solo aceptaría lo mejor de lo mejor.

Se reprogramó el estreno del espectáculo para febrero de 2010. Nuevamente se pospuso, esta vez diez meses, hasta diciembre, con el fin de recaudar más dinero. Y entretanto, se reescribieron diálogos, se escribieron nuevas canciones, se añadieron escenas enteras, que luego se eliminaron, y se reincorporaron y se eliminaron otra vez. Una vez más se aplazó el estreno, hasta marzo de 2011, para darle tiempo a la directora de crear un nuevo final. Se contrataron nuevos escritores y compositores para ayudar a mejorar ciertos aspectos de la música y el guion. Y en un dramático giro de los acontecimientos, los productores despidieron a Julie Taymor.

En marzo de 2011 finalmente comenzaron las funciones de preestreno, que a su vez serían suspendidas temporalmente. Antes de que ocurriera esto, el doble del actor que interpretaba al Hombre Araña sufrió lesiones cuando se cayó desde más de 6 metros de altura. Chocó contra el escenario antes de ir a aterrizar en el foso de la orquesta. Otras cuatro personas se habían lesionado durante los ensayos y las primeras funciones de preestreno.

El veredicto de la prensa después del preestreno no pareció ayudar. Los comentarios generales la describían como visualmente asombrosa a pesar de las fallas técnicas que se presentaban. Por su parte, los críticos teatrales no ahorraron municiones verbales, críticas despiadadas y sablazos irónicos a mansalva para todos los involucrados en la producción. La primera versión del espectáculo llegó a ser calificada por un crítico entre las peores de todas las obras fallidas. La segunda versión recibió en promedio una calificación de pasable, pero se le acusó de ser aburrida a pesar de las mejoras.

El espectáculo había mejorado sustancialmente. Para sorpresa de todos, el público estaba dispuesto a pagar lo que fuera para asistir a funciones de preestreno. Hubo taquilla completa. Aceptaban que se presentarían problemas técnicos. También parecían atraídos por la grandeza de la visión y el compromiso incansable de todos los involucrados en el proyecto. Sentían que estaban participando de algo histórico, de algo mucho más allá de lo habitual y de lo mecánicamente impecable.

Con la multitudinaria respuesta del público, el espectáculo recaudó más de un millón y medio de dólares por semana durante la temporada de preestreno, la más prolongada hasta entonces, con 182 representaciones. Se convirtió en uno de los espectáculos con mayores ingresos en la historia de Broadway incluso antes de la fecha del estreno oficial. Cuando finalmente llegó el día, el 15 de junio de 2011, pasó de ser descrita como incoherente, opaca o desquiciada a recibir entusiastas elogios por sus imágenes impactantes, los momentos electrizantes, los temas estimulantes, los riesgos y la exuberancia de la producción. No se dijo que fuera magnífica, pero el progreso era evidente.

Nueve años de trabajo. Ciento ocho meses de cambios, grandes y pequeños. Treinta y nueve mil cuatrocientos veinte días de intentos y chascos e intentos y chascos y nuevos intentos. El equipo de *El Hombre Araña* sigue pensando que el espectáculo solo ha llegado a un 90 % y continúa adaptándose en respuesta a las reacciones de la audiencia y las reseñas de los críticos.

Además, es de anotar que las bromas espontáneas de Patrick Page, el actor que interpreta al duende verde, fueron incorporadas en el espectáculo; de igual forma, se aumentó su tiempo en escena. El espectáculo sigue tratando de aprender, sigue adaptándose, a las audiencias les encanta y todavía es posible que llegue a ser un éxito enorme, más allá de las muy considerables recaudaciones de taquilla.

La ya legendaria producción ha sido inmortalizada en una comedia musical titulada *La leyenda de Julie Taymor o el musical que acabó con todo el mundo*, en la cual se representa a la directora como una mujer egocéntrica y desquiciada que se va a la cama con el dueño del teatro y asesina a un hombre con sus propias manos. Se ha convertido en el epítome de los excesos de presupuesto y creatividad, al tiempo que ha pasado a ser célebre por el hecho de nunca darse por vencida.

La historia tiene similitudes con la resiliencia que demostró Apple con sus mejoras constantes a ideas estupendas que no funcionaban (inicialmente), o la adaptación incesante de equipos y de chasis que mostró Red Bull con el fin de llegar a ganar campeonatos de Fórmula 1. Pero es también una ilustración de los riesgos y de los plazos que deben extenderse cuando se intenta que algo funcione a partir de una única fuente de parámetros creativos.

A manera de contraste, funcionar a la manera de Activision permite que numerosos equipos intenten *maneras diferentes* de encontrar una fórmula exitosa. Si a Jessie, el cerebro creativo detrás del minijuego *Nazi Zombie*, no hubiera tenido campo para experimentar, la organización se habría quedado solo con elementos del juego bastante obvios, restringidos por las ofertas anteriores de la franquicia. Muy rara vez resulta de ayuda para la adaptación que se elijan ganadores previamente, en particular si se eligen en el comienzo de un proceso. Y siempre es el comienzo.

La adaptación siempre se ve favorecida cuando se elige un socio excepcional. Significa una ayuda en el proceso de pensar mejor en grupo y cuando se exploran las exigencias prácticas y las adaptaciones necesarias. Contar con una relación funcional entre personas de diferentes aptitudes y talentos aumenta la efectividad de la adaptación.

Parte 3

Adáptese a medida que sea necesario

Una vez usted reconoce la necesidad de adaptarse y determina qué clase de adaptación es requerida, el paso siguiente es proceder a hacer los cambios necesarios. Se trata de una combinación de hacer lo que resulta necesario, persuadir a otras personas de que se involucren con usted y concentrarse en qué es lo que cambia la naturaleza del juego que se está desarrollando.

Todas las reglas de las que se habla en este libro examinan las tres etapas requeridas para la adaptación, y todas tres son necesarias para desarrollar una cultura organizativa que se puede adaptar una y otra vez a nuevas oportunidades y problemas. El objetivo no es un destino en particular. No existen respuestas únicas e invariables que funcionen indefinidamente, porque nuestra situación, nuestras necesidades y nuestros deseos están siempre cambiando.

Nada es inmóvil. Nuestra inteligencia puede aumentar o disminuir. Nuestra capacidad colectiva de pensar y de actuar ha seguido transformándose a través de la existencia de la raza humana. Allí está la lección profunda y duradera. No existe una respuesta única que funcione en todas las cuatro estaciones; en cambio, nuestras preguntas nos ofrecen la mejor oportunidad de responder a las necesidades de nuestros tiempos.

La adaptabilidad es sinónimo de inteligencia. Puede ser la capacidad de adaptarse rápida y armoniosamente a pequeños cambios en la estructura o en los procedimientos del sitio laboral. Puede ser la capacidad de obtener percepciones desde muy distintos puntos de vista y responder con procedimientos y productos de vanguardia en lo que sea. Tal es la historia de organizaciones como Nike, que envía a sus diseñadores a sitios en los cuales se practica el deporte, lo cual los alienta a producir materiales nuevos e innovadores. Es también la historia de los insurgentes en Iraq y Afganistán, que fueron más flexibles para adaptarse que la jerarquía tradicional. Es la misma historia que se ha repetido con equipos de béisbol en Oakland y equipos de fútbol en Holanda.

Algunos individuos y grupos son muy buenos para ganar juegos ya establecidos, si es necesario cambiando su comportamiento al jugar con el fin de ser los mejores. Nos vamos a referir a multimillonarios que empezaron como vendedores ambulantes y a diseñadores de juegos que crean aquello que los clientes quieren comprar.

La mayor de las habilidades consiste en discernir cómo organizarse de tal manera que el juego en sí pasa a ser mejor para tantas personas como sea posible. Debemos buscar claridad sobre la adaptación requerida, pero también tener clara la necesidad de una perpetua adaptación. La decadencia exige renovación. Este gran estancamiento por el que pasamos es parte de un complejo juego, del cual podríamos aprender mejores maneras de crear y de compartir que nos permitan seguir avanzando durante los próximos cien años.

Regla 12

Nunca llegue a la edad adulta

Hewlett-Packard (HP) se está retirando de la industria de los computadores. Diez años después de comprar Compaq con el propósito expreso de convertirse en la compañía de computadores personales número 1 a nivel mundial, su nuevo gerente general ha decidido vender. HP había gastado 25 000 millones en esa adquisición y había entablado una penosa batalla legal contra el hijo de uno de los fundadores para acatar la voluntad de la gerente general en ese momento, Carly Fiorina. Y ahora, de nuevo está a la venta.

Las organizaciones envejecen. Se hacen adultas. Pierden esa intensidad y audacia que les daba una ventaja competitiva cuando estaban arrancando. La mayoría de las corporaciones pierden esa ventaja que las llevó al éxito. Los empresarios originales son reemplazados por administradores profesionales a quienes se les da la responsabilidad de reparar el desorden que dejaron los emprendedores entusiastas y sin experiencia que dieron vida a la compañía.

En HP, la crisis de la desorganización juvenil hace tiempo ha sido reemplazada por una edad mediana disfuncional. Todo es tan adulto. Es tan penosamente realista que queda poco espacio para el gozo, el valor o el humor. Abundan las peleas internas y las bravatas machistas (tanto de parte de hombres como de mujeres). Es un malsano menú de apatía, amoralidad e incompetencia.

Y justo cuando estaban de nuevo encarrilados, con una estrategia y un líder apropiados, la junta directiva encontró una razón para despedir al gerente general. No es que fuera un ejecutivo perfecto, pero al menos entendía la naturaleza de la industria y de la compañía. Había invertido 1200 millones de dólares en comprar los restos de Palm Inc, anteriormente la compañía líder en el mercado de los dispositivos inteligentes, y estaba a punto de empezar a distribuir productos que podrían competir (a la postre) con Apple, el líder del mercado.

En teoría, en Hewlett-Packard lo hacen todo bien. Cuentan con las consabidas capas de la jerarquía tradicional. Utilizan criterios de evaluación. Realizan encuestas entre los empleados. Y no obstante están dominados por un estilo de liderazgo pesado, vertical, y cada cierto tiempo se ven abocados a confusiones adicionales por una junta directiva propensa a las metidas de pata.

La junta directiva tal vez respondería que se han visto forzados a hacer cambios para sobrevivir. Resulta necesario, tal vez dirían, sacudir un poco las cosas para que surjan nuevas perspectivas en la compañía.

Como HP oscila entre la crisis de la edad mediana y la autocomplacencia de la edad madura, debe buscar afuera para intentar una renovación. Los líderes buscan el secreto de la eterna juventud y del vigor por la vía de la adquisición. En lugar de gastar más tiempo con su propia gente, prefieren gastar sumas enormes comprando los éxitos de otros.

Esto ha llevado a la junta directiva a buscar un nuevo gerente general por fuera de la industria. Esto lo hicieron con Carly Fiorina, quien se impuso en su propósito de comprar Compaq. Y el nuevo gerente general, recién llegado de SAP, la compañía alemana de *software*, busca por fuera de la compañía respuestas que conduzcan al crecimiento, que lo hagan sentir menos incómodo con su falta de conocimiento. Es muy poco común que un gerente general se sienta cómodo y seguro aprendiendo, como si fuera un niño chiquito, de las personas que hacen el trabajo y conocen las respuestas.

En lugar de ello, muchos líderes buscan las pautas en el mismo libreto que habían venido siguiendo hasta entonces. Fue así como bajo el exgerente general Mark Hurd, HP fabricó *hardware* y *software*, porque eso era lo que hacía NCR, la corporación de donde él provenía. Y luego, bajo el mando del gerente general Léo Apotheker, HP intentó fabricar *software* para otras corporaciones, pues eso era lo que él hacía en la compañía que trabajaba antes, SAP.

Apotheker se arriesgó a destruir lo mejor que existía antes de su llegada, para sustituirlo con adquisiciones carísimas de los campos que él conocía, razón por la cual fue despedido después de solo 12 meses en el cargo. Ha sido reemplazado por Meg Whitman, la exgerente general de eBay, quien va a hacer lo que ya ha hecho, contar con *software* como un servicio, o bien, ojalá, empezar de ceros.

Este enfoque de adaptación requiere que la organización se adapte a las habilidades y conocimientos del líder. Cualquier cosa que no encaje en ello es eliminada. Cualquier cosa que se necesite es comprada y retroadaptada en un experimento a lo Frankenstein, con el riesgo de traer a la vida un desdichado y malquerido monstruo híbrido.

Las compañías que se adaptan más exitosamente son aquellas que *nunca llegan a la edad adulta.* En vez de dejarse persuadir por la noción de que deben llegar a ser mayores y aburridos como sus competidores, permanecen jóvenes por siempre. Algunas siguen siendo amantes de la diversión, impulsadas por la curiosidad y aspecto juvenil mucho después de que el resto de coetáneas exhibe cabellos grises, trajes formales y un vocabulario plagado de repugnantes clichés corporativos. Rechazan las desventajas de la edad madura, y mientras más tiempo las rechacen más exitosas seguirán siendo. El crecimiento no es solo prerrogativa de los adultos mayores.

Casi todos los multimillonarios más exitosos comienzan así. A los que iniciaron Microsoft les gustaban las bromas, divertirse, y pasar días enteros festejando, bailando y tomando. Querían que hubiera un computador en cada escritorio. Eran aficionados geniales, obsesionados en convertir sus sueños en realidad. He aquí un ejemplo de los bromistas de Microsoft en plena acción:

> La primera guerra de balones inflables se produjo por accidente. Teníamos una mesa de *ping-pong* en el vestíbulo del edificio Northup, que estaba siendo usada una noche, como a eso de las ocho […]. Cuando uno de los jugadores se disponía a hacer un remate, se lanzaron unos 500 balones inflables desde el rellano. Durante varios segundos nadie entendía lo que había ocurrido. De repente todos se dieron cuenta. Muy pronto una docena de personas se involucraron en la batalla, en ocasiones traicioneramente cambiando de ubicación, pasando de abajo, donde estaba la mayor parte de la munición pero prácticamente sin defensas, a arriba, con buenas defensas, pero poca munición. Las personas que pasaban por allí se fueron involucrando en la batalla. Todos se divirtieron enormemente.

Google también ha gastado algunas célebres bromas el Día de los Inocentes. La primera fue la del MentalPlex en 2000, cuando solicitó a los usuarios que trataran de enviar una imagen mental de lo que querían encontrar. A continuación, aparecía una animación en la pantalla con un mensaje indicando que se había producido un error y que incluía la clásica frase: "Error 001: Señal débil o no detectada. Mejore su transmisor e inténtelo de nuevo". En años posteriores ha presentado su "Pigeon Rank" (El ranking de las palomas), un método, según explicaban con gran detalle, para mejorar los resultados de sus búsquedas, que emplea palomas adiestradas, anuncios ficticios sobre ofertas de empleo en la Luna y supuestas pruebas de rascar y oler.

Estas bromas indican una especie de exceso de creatividad y entusiasmo que no puede limitarse a cumplir con el trabajo cotidiano. Sugieren la energía y la manera de pensar necesarias en una cultura empresarial capaz de una rápida adaptación. También sirven para mantener el carácter juvenil de la organización. Ayudan a que la gente se sienta más relajada. El ambiente distendido y juguetón disminuye las presiones diarias y combate la inútil formalidad que se va asentando con el tiempo.

Este ambiente de trabajo distendido puede parecer un desperdicio a muchos líderes que se sienten cómodos solamente cuando los empleados están haciendo lo que ellos pueden comprender y controlar. No obstante, las organizaciones más adaptables reconocen que una interacción juguetona con el mundo real puede revelar nuevas respuestas.

Los primeros tenis de Nike fueron una fusión entre un amor por el deporte y una plancha para hacer *waffles* rellena de caucho. Nike se organiza alrededor de los distintos deportes. En lugar de diseñar un solo tipo de tenis, tienen como objetivo diseñar tenis específicos que se adapten mejor a unas necesidades particulares.

En 2008, uno de los diseñadores de Nike, Shane Kohatsu, viajó a China tan solo para ver cómo se jugaba el baloncesto allá. Observó que los jugadores callejeros preferían utilizar calzado verdaderamente durable, como las botas de escalar, en vista de las exigencias del duro piso de concreto y las altas temperaturas. Los miró jugar, jugó con ellos y diseñó un nuevo tejido, Hyperfuse, que resistía el calor y condiciones difíciles. Nunca llegue a la edad adulta.

Regla 13

La jerarquía es como combustible fósil

"Este año aquí en Sony nos hemos visto inundados, nos hemos visto aplastados, nos hemos visto pirateados y nos hemos visto chamuscados […] pero el verano de nuestro descontento ya ha quedado atrás", declaró el gerente general de Sony, Sir Howard Stringer.

En 2011, esta gigantesca y multimillonaria corporación de productos electrónicos y de la industria del entretenimiento se había visto asediada por problemas. Les tocó confrontar desastres naturales, competencia antinatural y malestar social. Atacantes sin un líder, que no eran visibles, estaban demostrando ser más astutos que la jerarquía tradicional de Sony. Estaba quedando en evidencia la limitada capacidad de la corporación para detectar los problemas y reaccionar para adaptarse a ellos.

La jerarquía tradicional presenta problemas en múltiples niveles. La tradicional jerarquía de arriba abajo, o vertical, mantiene a su gente en esquemas cuadriculados de su propia creación. La jerarquía tradicional, con aquella convicción de que "todos sabemos cuál es nuestra posición", nunca sabe a quién le corresponde una tarea, pero siempre sabe a quién no le corresponde. Esta es la forma organizacional preponderante a pesar de todos sus problemas, costos, fricciones e ineficiencias. Como estructura, se resiste a aprender lo nuevo e institucionaliza el comportamiento por interés propio. ¿Por qué hacer lo mejor posible si esto te podría traer problemas?

La jerarquía tradicional de la era industrial significó a su manera una revolución, al emerger en todo su esplendor burocrático de las restricciones sofocantes del liderazgo por privilegio de un nacimiento aristocrático. El viejo criterio restringía con cadenas visibles e invisibles a las mentes más brillantes. El nuevo criterio sugería que el grado de influencia y la recompensa se basarían en el mérito propio, y si no en el mérito, en la posición dentro de la organización, teniendo en cuenta que las calificaciones profesionales eran la clave para cada nivel del organigrama.

Generaciones enteras han dedicado sus vidas laborales a tales jerarquías. Las reglas burocráticas han estructurado para miles de millones de personas las jornadas laborales, los horarios de almuerzo y las pausas para ir al sanitario. Capas y capas de gerentes que se acumulan entre la junta directiva y los empleados de primera línea. Vidas laborales definidas por descripciones teóricas del trabajo que hay que cumplir, presentadas por profesionales de recursos humanos con las mejores intenciones. Visiones, valores, misiones y comportamientos se esfuerzan por alinear las intenciones con las acciones y las aspiraciones con los eventos.

Y dado que la estrategia y la estructura son tan sumamente interdependientes, la jerarquía constituye un obstáculo para adaptarse a las circunstancias. El resultado es que el cambio interno para adaptarse al cambio externo puede ser lamentable, dolorosamente lento. Los distintos grupos se adaptan a velocidades muy distintas. La diferencia en velocidad depende de con cuánta efectividad su cultura corporativa aliente o desaliente el comportamiento autónomo.

Sony debió confrontar exactamente este tipo de reto adaptativo. En 2011, un número relativamente pequeño de ejecutivos de la división estadounidense de una corporación con 168 000 empleados en el mundo entero decidió presentar una demanda judicial contra un individuo: George Hotz, un joven de 21 años del estado de Nueva Jersey.

La compañía estaba molesta porque Hotz –quien había sido elegido entre las diez personas con mayor potencial de rendimiento en el mundo– se había pasado de listo con ellos. El joven había dado a conocer públicamente su método para evadir el sistema de seguridad de la consola de juegos de Sony, la PlayStation 3 (PS3).

El sistema de seguridad había sido instalado para evitar que las personas utilizaran la consola de juegos de nuevas maneras no aprobadas directamente por Sony. La principal ventaja que esto le representaba a Sony era estimular la venta de nuevos juegos al impedir que funcionaran en la consola juegos piratas o juegos antiguos de consolas anteriores.

El sistema de Sony tenía la reputación de ser inmune a los piratas cibernéticos, pero, como le explicó George a la BBC, "no hay nada que sea inmune a los ataques cibernéticos". Se trataba de un logro notable, que, según contó nuestro joven genio, le había llevado solo cinco semanas. Se las arregló y utilizó *hardware* para crear una inseguridad en el PS3 y usar esa inseguridad como una puerta de entrada al resto del sistema. Esta técnica significaba que podía conseguir que el PS3 hiciera aproximadamente todo lo que él quisiera, incluyendo el funcionamiento de otros sistemas operativos y de juegos de fabricación casera.

¿Por qué lo había hecho? Por curiosidad. Y por su creencia de que los sistemas deben ser abiertos. Sony eligió responder a su interés idealista llevándolo ante los tribunales.

Bueno, tal vez en un pasado no demasiado distante una demanda corporativa contra un individuo que no tenía a su disposición miles de millones de dólares cumpliría su propósito de atemorizarlo para que se plegara a lo que le pedían. Hotz estaba solo, sin respaldo corporativo alguno. Aquellos que no cuentan con el apoyo institucional son más fáciles de aplastar, es lo que se da por sentado.

El tradicional desbalance de poder ha favorecido que se presenten multitud de demandas judiciales contra los relativamente débiles. Las corporaciones han descargado su poderío legal sobre abuelas cuyos nietos han bajado música de la red sin el permiso requerido y contra innovadores empresariales que han amenazado el grado de autocomplacencia de los mercados. Pero esta vez no.

Veamos lo que ocurrió. Por una parte, Hotz inició unos blogs sobre los ataques legales de Sony, luego un profesor de la Universidad Craig Mellon emitió una declaración en la que defendía el derecho a la libre expresión de Hotz y, por último, George colgó un video de rap en YouTube con la desafiante letra:

Those that can´t do bring suits
Cry to your Uncle Sam to settle disputes
But shit man, they´re a corporation
And I´m a personification of freedom for all.
(Los que no pueden, presentan demandas,

Se van a llorarle al tío Sam que les resuelva sus disputas
Pero qué mierda, señores, ellos son una corporación
Y yo soy la personificación de la libertad para todos).

¿Qué hizo Sony en esta ocasión? Pues bien, alguien decidió obtener órdenes judiciales para forzar a YouTube a revelarles los detalles de todo aquel que hubiese visto los videos de George sobre el pirateo del PS3. Fue una medida excesiva. Y también resultó contraproducente.

Sus acciones desproporcionadas aumentaron aún más el número de personas que probablemente se sentirían descontentas con el modo de actuar de Sony en este caso. Y algunas de esas personas respaldaban a Anonymous, un movimiento sin líder que utiliza los ataques por Internet para dar apoyo a sus puntos de vista en cuanto a la libertad en Internet y en otros campos.

Atraer la atención de Anonymous no parecía prudente. Es difícil luchar contra un grupo que carece de líder. Para Sony resultaba particularmente difícil salir victorioso contra personas que no estaban jugando con las reglas tradicionales o por los mismos objetivos corporativos. Aquellos que estaban involucrados no lo hacían por lucrarse. No estaban restringidos por una jerarquía y podían actuar de una multitud de maneras, más rápidamente y de formas más impredecibles y más creativas que las que Sony era capaz de confrontar.

El emblema de Anonymous es una figura sin cabeza que simboliza su particular estructura, que no cuenta con un líder específico. El grupo emergió en 2003 a partir de conversaciones en el sitio de intercambio de imágenes por Internet board4chan. Empezaron a considerar la idea de un grupo de personas que trabajaran juntas en una especie de cerebro anárquico distribuido globalmente.

Se imaginaron una sociedad descentralizada, actuando en conjunto en procura de unos objetivos compartidos con los cuales estaban de acuerdo a grandes rasgos. Esta forma de organización resultó ser extraordinariamente fluida, dado que no dependía de una jerarquía, sino de unas creencias más o menos compartidas para determinar el "quién, qué, cómo, dónde y cuándo" de sus acciones.

Sus creencias compartidas incluían la libertad de expresión en Internet y fuera de la red. Estas creencias guían las discusiones sobre qué y quién o quiénes deben ser defendidos o atacados. Se evalúan las tácticas, los métodos y los objetivos, pero se le dejan al individuo las acciones finales que quiera emprender. Cuando alguien lleva a cabo una acción en nombre de Anonymous, esa acción se le atribuye al movimiento. No desean el reconocimiento individualmente.

Los ideales de Anonymous comenzaron siendo algo semejante a la libertad del placer personal; sin embargo, con el tiempo fueron evolucionando hacia un interés en proteger los derechos de otros, incluso los derechos de la sociedad. En 2008 agregaron a su lista de objetivos la iglesia de la Cienciología, con el ánimo de exponer lo que ellos llamaban "explotación de los miembros de la iglesia". En 2009 habían volcado su atención colectiva hacia la lucha por unas elecciones libres y justas en Irán. Crearon un sitio web de apoyo llamado "Anonymous Irán", que permite la comunicación cibernética en el país a pesar de los esfuerzos del Gobierno por cerrarlo.

En 2010, revigorizado –en sus propios términos– por ataques que ellos percibían se habían efectuado contra la libertad, Anonymous empezó ataques de represalia por lo que consideraba métodos opresivos contra Julian Assange, fundador del portal investigativo Wikileaks. También han apoyado las rebeliones en Egipto, Siria, Libia y en otros países del Medio Oriente. Una de sus acciones ha sido la de interrumpir y obstaculizar las redes gubernamentales de Internet en todas estas áreas para llamar la atención sobre los ataques contra la libertad.

Entonces cuando Sony amenazó con las demandas a George Hotz, Anonymous atacó la red de los Sony PS3. Y no lo hizo porque él lo pidiera o porque estuviese involucrado con el grupo, sino porque en la mente colectiva de Anonymous –los individuos que trabajan conjuntamente– se trataba de algo injusto que amenazaba la libertad no solo de un individuo, sino de muchos.

Los ataques efectuados por Anonymous a partir de abril de 2011 demostraron las vulnerabilidades en la seguridad de las redes de Sony. Alguien logró copiar los nombres de usuario de 77 millones de personas, lo que forzó a Sony a suspender el servicio durante dos meses a los usuarios de los juegos. La interrupción del servicio empañó la reputación de Sony, por más que ellos afirmen que a final de cuentas redundó en una mejora de la tecnología que estaban usando. Aseguran también que después de los ataques se han sumado tres millones de nuevos usuarios.

Pero su jerarquía de orientación tradicional tomó el paso errado en el momento errado. Se trataba de un tropiezo evitable por el mal paso dado por una parte de la jerarquía, y sin haber pensado en las consecuencias. La mente colectiva de Sony no estaba comprometida con esta decisión, que había sido tomada por una minoría sin tener en cuenta el sentimiento general. Y las diferentes capas de ejecutivos encargados de la toma de decisiones en Sony repercutía de tal manera que ni siquiera reconocieron la gravedad de los ataques hasta varios días después de que tuvieran lugar. La jerarquía se las arregló para sobrevivir, pero la forma organizacional emergente prosperó.

Aquí no se trata de una defensa o de una crítica de Anonymous. Resulta imposible saber qué está siendo hecho y por quién, lo cual es justamente su propósito. Tampoco se trata del argumento de que la jerarquía tradicional está muerta. Más bien, lo que se quiere recalcar es que la organización jerárquica no es la única forma, ni la más adaptativa, de estructurar la colaboración humana.

Antes de que Sony lograra que su red volviera a operar, llegó a un arreglo extrajudicial con George Hotz. Y el genial jovencito está trabajando para Facebook, una compañía que –hasta la fecha– comprende las limitaciones de la jerarquía y la creciente adaptabilidad de las alternativas.

Regla 14

Conserve el balón

El equipo de béisbol Oakland Athletics ha renunciado al júbilo de ganar a cambio de la comodidad de ser consistentes. El equipo es el tema de un libro de grandes ventas y de una película protagonizada por Brad Pitt. Las estrellas del libro y de la película no son los jugadores o el deporte; las estrellas son su gerente general, Billy Beane, y su uso de las mediciones.

La historia principal es que han triunfado aplicando las matemáticas al béisbol. Por medio de mediciones minuciosas, el campo de la sabermetría intenta determinar el valor real en el pasado de un jugador y predecir su valor en el futuro. En 2006, los Athletics estaban clasificados en el quinto lugar en el escalafón de los mejores equipos de béisbol de los Estados Unidos, pero estaba en el vigésimo cuarto lugar entre todos los treinta equipos en términos de los salarios pagados.

Este enfoque, según se afirma, les ha permitido a los Athletics reclutar jugadores a precio de ganga. Podían conseguir jugadores que habían sido infravalorados porque otros gerentes de equipo tomaron sus decisiones basados en mitos y no en hechos. Una recopilación similar de datos también pudo cambiar la manera en que los gerentes organizaban sus equipos y las tácticas para los partidos. Concentrarse en la defensa, no en el ataque, fue un cambio común.

Todo esto tiene sentido hasta que se examinan los resultados. Los Athletics no han ganado suficientes partidos para alcanzar una Serie Mundial desde 1990. Ni siquiera en 2002, cuando ganaron veinte partidos seguidos y se clasificaron para los partidos de postemporada, fueron capaces de pasar de la primera ronda de semifinales.

Desde 1998, cuando Beane se convirtió en el gerente general de los Athletics, los Yankees de Nueva York han ganado cuatro veces y han llegado a la final otras dos. De los treinta equipos, nueve han ganado la Serie Mundial, pero los Athletics no se cuentan entre ellos. Se han adaptado para ser un equipo que gana numerosos partidos a pesar de que invierte relativamente poco dinero. No obstante, Beane y los dueños del equipo han sido incapaces de trascender su situación lo suficiente como para ganar el campeonato en lugar de ganar solo partidos.

Comparemos esto con lo que está ocurriendo en la Universidad de Oregón. Su equipo de fútbol americano, Oregon Ducks, tenía un récord lamentable. Durante los primeros cien años de existencia, los triunfos habían sido muy limitados. Esto empezó a cambiar en 1995, cuando Mike Bellotti asumió su cargo como entrenador. En su primer año en el cargo, el equipo consiguió un registro de nueve victorias por solo tres derrotas, y fue invitado a competir en el Cotton Bowl Classic. Durante los años que estuvo como entrenador, el equipo clasificó en doce ocasiones para jugar partidos de postemporada, y solamente un año perdieron más juegos de los que ganaron.

En 1996, el fundador de Nike, Phil Knight, le ofreció su apoyo a Bellotti. El entrenador había solicitado un sitio cubierto para practicar, y Knight cubrió los gastos para diseñarlo, construirlo y mantenerlo. Desde entonces ha gastado más de 300 millones de dólares en instalaciones adicionales, todo lo cual ha significado una ayuda, pero la clave de la historia va más allá. Nos revela que un deporte se puede adaptar drásticamente si consigue atraer los recursos adicionales por fuera de ese deporte.

Esto es algo que Phil Knight comprende bien. Él ha sido partícipe de un proceso para adaptar unos humildes tenis en un estilizado y cautivador calzado deportivo con amortiguación de aire. La originalidad atrae la atención. La atención genera acción. Las acciones pueden cambiar los ganadores en un deporte o la naturaleza del deporte. Knight les preguntó a sus diseñadores: "¿Cómo podemos colaborar para atraer a la universidad mejores estudiantes y mejores atletas?". La respuesta de los diseñadores incluía el hecho de que tuvieran un buen aspecto:

> Las cuadradas y convencionales letras en el uniforme dieron paso a letras de diseño moderno y elegante. ¿Alas en las hombreras? ¿Figuras en forma de diamante en las rodilleras? ¿Zapatillas de tono plateados? "No hay absolutamente nada", afirmó el director creativo de Nike, Todd Van Horne, "que descartemos de antemano". La pintura para los cascos de color verde oscuro se hizo con abalorios de cristal y costaba 2400 dólares el galón. Hubo desfiles de moda en otoño.

Esto es en sí interesante. El uniforme introduce un cambio en el juego porque los adolescentes que están considerando en qué equipo jugar quizás quieran usar un uniforme fuera de serie y que llame la atención.

Las estrellas del equipo cuentan que por su gusto por el uniforme se animaron a mudarse a una ciudad tan apartada. El estilo de los uniformes ha creado una sensación mediática que atrae al equipo a jugadores de gran talento. El talento ayuda a que el equipo gane. Oregon Ducks es ahora el equipo universitario de fútbol número 1 del país.

El cambio de estilo que implementó Nike cambió el balance de poder tradicional en el fútbol universitario en Estados Unidos, porque logró reorientar el flujo de talento. En esencia, el poder es producido por un sistema que funciona en una manera particular. Si usted altera el flujo de cualquier sistema, los resultados de ese sistema pueden cambiar. Aquel cambio que introdujo Nike era pequeño, en cierto sentido, y parecía superficial. Inicialmente fue malinterpretado, y luego, después de que fue un gran éxito, fue copiado por otros equipos.

La adaptación profunda puede dar la impresión de producir un éxito rápido, pero eso ocurre únicamente porque gana un reconocimiento más amplio solo después de que demuestra ser exitoso. Desde el momento en que Nike se involucró con el equipo de la Universidad de Oregón, pasarían quince años antes de que llegara a ser el mejor equipo universitario de fútbol americano de los Estados Unidos. Por su parte, en Europa una revolución en términos deportivos tardaría aún más tiempo, con sus comienzos a principios del siglo anterior en Inglaterra y con su cima durante la final de la Copa Mundial de Fútbol en Sudáfrica, un torneo en el cual el equipo español se coronó campeón.

En 1915, el equipo holandés de fútbol Ajax nombró al inglés Jack Reynolds como nuevo entrenador. Reynolds no había sido un jugador estrella; no había obtenido ningún título importante; de hecho no había ganado nada, no había formado parte del equipo inglés y era descrito como un jugador mediocre. Había terminado en Holanda después de un año como entrenador en Suiza. Dedicó la siguiente década a señalar que a los jugadores de todas las edades se les enseñaban las mismas tácticas y en la cancha jugaban con el mismo estilo.

Después de un breve período dirigiendo un equipo rival, regresó al Ajax y ganó cinco títulos de liga. Introdujo el concepto de los laterales móviles, con la capacidad de atacar a los mediocampistas y de pasar rápidamente de la defensa al ataque, al tiempo que recalcó la práctica de conservar el balón, haciendo pases simples a ras de tierra hasta crear la oportunidad de marcar. Treinta y dos años después de haberse incorporado al club inicialmente, incluyendo cinco años que pasó como prisionero de guerra en la Alta Silesia, hoy en día parte de Polonia, volvió al club para ganar un último título antes de retirarse.

Uno de los jugadores que entrenó Reynolds en aquella última temporada fue Rinus Michels, quien llegaría a ser entrenador del Ajax casi veinte años después. Amenazado con el descenso, decidió regresar al sistema de la posesión del balón, y le dio un impulso a la idea de que los jugadores se movieran con fluidez de la defensa al ataque. En parte, tenían que adaptar su sistema para acoplarlo con el de su atacante estelar, Johan Cruyff.

Cruyff iba de un lado a otro de la cancha buscando el mejor espacio para causarles problemas a los contrincantes. El equipo aprendió a cambiar de posiciones para cubrir sus movimientos, y cada jugador se vio obligado a aprender las responsabilidades de todos los demás jugadores. Cada uno se convirtió en un futbolista total, talentoso en la defensa, el medio campo y la delantera. Aquello les trajo seis campeonatos nacionales, tres copas holandesas y tres copas de Europa consecutivas.

Con el gran Johan en sus filas, el equipo entero aprendió la importancia de crear y de usar el espacio. La idea continuó desarrollándose a medida que los jugadores y entrenadores constataban su potencial.

Cruyff opinaba que "el fútbol sencillo es lo más difícil", debido al intenso entrenamiento que se requería. Utilizar el espacio de manera creativa exigía más que creatividad. Cambiar el juego requería horas de práctica, tejiendo diseños para los pases.

Quizás la máxima expresión del fútbol total ha ocurrido en España, con el Barcelona. El equipo reclutó a Cruyff como jugador y empleó a cinco exjugadores de Ajax como entrenadores.

Reynolds, Kovacs y Michels –los entrenadores que más habían trabajado con ese sistema en Holanda– no vivirían para ver la cúspide del fútbol total cuando España derrotó a Holanda en la final de la Copa Mundo en 2010. Con siete jugadores del todopoderoso Barcelona, utilizaron el estilo de juego paciente que había llegado a su equipo proveniente del Ajax. Algunos disputan el hecho de que este estilo que practica el Barcelona sea el fútbol total, pero el sistema que ha atraído el nombre de "tiki-taka" es una clara adaptación de los mismos principios. Ha sido adaptado a las destrezas individuales que se encuentren disponibles, basado en un estilo de pases cortos de atrás hacia delante. Exige menos movimiento de jugadores y más movimiento del balón. Al igual que el fútbol total, hipnotiza a los contrincantes, quienes se encuentran sin el balón el 70 % del tiempo.

Cualquier sistema está en condiciones de ser mejorado. Cualquier rival puede ser superado por más imposible que parezca en un principio. Para Oakland, una nueva utilización de las estadísticas los puso en un compás de espera que los llevó a superar a la mayoría de los rivales y les dio un mayor rendimiento, pero no los llevó a ganar campeonatos. Incluso el análisis estadístico de datos ha sido copiado por otros equipos. Para Oregón, un siglo de mediocridad fue seguido por doce semifinales en catorce años y una primera posición. Para Barcelona, quince largos años sin ganar el campeonato de clubes de Europa fueron seguidos por tres títulos en cuatro años.

Los adaptadores más exitosos reducen el respectivo deporte a sus componentes fundamentales. Este punto de vista simplificado captura las características más importantes del sistema que están tratando de mejorar. Una vez identificadas las características más importantes, es posible volver a imaginar partes del sistema y luego trabajar para mejorarlas. Esto es lo que Cruyff quería decir cuando afirmó que el fútbol sencillo es lo más difícil.

Existe competencia dentro y fuera del deporte. Dentro del deporte, es posible trabajar más duro, tratar de llegar a ser el mejor jugando a la manera tradicional. Solamente afuera del deporte se pueden encontrar nuevas ventajas que eliminan las restricciones tradicionales. Esto requiere un entendimiento de los patrones más profundos, y este entendimiento le permite al adaptador competir por fuera del deporte.

Oregón se impuso al prestigio que sus rivales habían acumulado durante muchos años, concentrándose en la idea sencilla de atraer a los adolescentes con innovadores diseños de vestuario. El concepto de fútbol total les trajo gran éxito al Ajax y al Barcelona, en parte porque han acumulado años de preparación y adaptaciones, que se demuestran en los noventa minutos de cada partido. Conservaron el balón y supieron qué hacer con él.

Regla 15

Esquivar y agruparse

Cuando Li Ka-Shing tenía quince años murió su padre. El adolescente debió encargarse de sostener a su madre, su hermana y su hermano menor, vendiendo pulseras de reloj y cinturones de plástico en las calles de Hong Kong en 1940. Originarios de Chaozhou, en la provincia de Guangdong de la China continental, la familia había huido a Hong Kong tras la invasión del ejército japonés.

Por ese entonces ya había comenzado la ocupación japonesa de Hong Kong, que habría de durar tres años y ocho meses. Aquel fue un período de incertidumbre caótica. La moneda local fue reemplazada de manera forzosa por el yen militar, que no contaba con reservas. La población debió padecer hiperinflación, racionamientos de comida, ejecuciones y deportaciones.

Li sobresalió pronto por la velocidad con que podía pasar de la intuición a la acción. En cuestión de un par de años fue ascendido a las ventas al por mayor y rápidamente, y antes de cumplir los diecinueve años, ya era el gerente general de la compañía. En 1949, con veintidós años, tenía tal credibilidad que varios amigos le prestaron dinero para que comenzara su propia empresa de plásticos. Eligió el nombre de su naciente negocio en honor del río Yangtze, para indicar su convicción de que pequeños arroyos de esfuerzo pueden combinarse con un gran poderío. Desde entonces, no pararía de incrementar sus ganancias año tras año.

Siete años más tarde viajó a Italia, donde aprendió la fabricación de flores de plástico de gran calidad. Siempre le había interesado la manera en que funcionaban las cosas. Sobresalió como aprendiz, hizo numerosas preguntas y compró libros de texto para incrementar sus conocimientos. Quería entender las tendencias más recientes, de manera que pudiese reconocer las oportunidades de adaptar sus acciones y cambiar su destino. Llegaría a ser conocido como "el rey de las flores" a nivel global.

En 1967, cuando una serie de disturbios estaban causando pánico y temor, realizó grandes inversiones en la adquisición de terrenos, previendo que la economía y la sociedad saldrían adelante sanas y salvas y prosperarían. El resultado de esta apuesta fue un negocio de finca raíz que para 1971 ya era más lucrativo que sus fábricas. Su compañía, rebautizada con el nombre de Inversiones Cheung Kong, fue incluida en la Bolsa de Valores de Hong Kong en 1972.

Su conglomerado se expandió para incluir telecomunicaciones, infraestructura, buques portacontenedores, tiendas mayoristas y minoristas. Para 2011, el grupo tenía casi un cuarto de millón de empleados en 55 países y estaba valorado en unos 100 000 millones de dólares. Su riqueza personal es de más de 26 000 millones. Conocido en Asia como "Supermán", es actualmente la séptima persona más rica del mundo.

Li siguió su intuición cuando decidió cerrar el servicio de telefonía celular Rabbit en Inglaterra después de solo veinte meses de operaciones, con una pérdida de 183 millones de dólares. Había sido una buena oportunidad que fue superada por sus competidores. De nuevo siguió su intuición al comprar la empresa Orange en 1992 y luego venderla a Mannesmann por 33 000 millones de dólares en 1999. Tan pronto como fue contractualmente posible, fundó la división para celulares de tercera generación, e invirtió miles de millones de dólares en redes 3G, que sus competidores no podían permitirse.

Li Ka-Shing hizo públicos sus denominados doce principios filosóficos, que incluyen la importancia de luchar contra la adversidad con diligencia, formando un frente unido y compitiendo en condiciones equitativas. Los siguientes tres son de particular relevancia:

> Observe las condiciones del mercado y no deje pasar una buena oportunidad.
>
> Tenga una mentalidad creativa y un punto de vista claro para evitar seguir ciertas tendencias ciegamente.
>
> Tome medidas de acuerdo con las situaciones, demostrando adaptabilidad, y busque múltiples oportunidades.

Todas las mañanas, sin importar la hora a la que se haya acostado la noche anterior, Li se despierta a las 5:59 a.m. para escuchar el boletín de noticias de las 6 a.m. Esto le permite evaluar las condiciones del mercado y luego adaptar sus acciones rápidamente para tomar ventaja de múltiples oportunidades. Li es el epítome de la adaptabilidad de Hong Kong.

Y sin embargo, el sistema de Hong Kong no necesariamente ha mejorado para sus habitantes más pobres, que deben padecer los costos de vivienda, que se mantienen artificialmente altos debido a grandes magnates como Li Ka-Shing. El Gobierno subasta nuevos terrenos solo de manera ocasional, para que se mantenga baja la oferta y, cuando lo hace, únicamente vende grandes parcelas de tierra que están fuera del alcance de los individuos normales, o de los grupos comunitarios. Solo los multimillonarios están en condiciones de participar, y solo los multimillonarios participan.

Los tugurios o chabolas todavía existen. En 2010 existían casi 400 000 estructuras marginales de ese tipo, la mayoría en los nuevos territorios hacia el norte, pero todavía quedaban más de 2000 en Kowloon y 4500 en la isla de Hong Kong. Existen estructuras marginales levantadas en callejuelas humildes y en los tejados. El coeficiente Gini, que mide la brecha entre los más ricos y los más pobres, es el peor de toda Asia.

En parte, esto se debe a las fortunas inmensas, pero también a que más de un millón de personas tienen un ingreso de menos de la mitad de un salario promedio. No hay un salario mínimo estipulado, aunque existen viviendas sociales subsidiadas para el 40 % de los habitantes. El Gobierno invierte solo alrededor del 16 % de la renta nacional en el tejido social, y, por lo tanto, no debería sorprendernos, queda relativamente poco para aquellos en la mitad inferior.

Hizo falta que se produjera un gran incendio en el tugurio de Shek Kip Mei para que se dieran inicio en Hong Kong a proyectos de vivienda social. Después de que 53 000 personas quedaron sin hogar, el Gobierno empezó a construir bloques enteros de altos edificios de apartamentos sencillos, que al menos significaba un avance sobre lo que tenían antes. Eran más resistentes a los incendios y a las inundaciones y cada apartamento contaba con un sanitario. Eran pequeños, de alrededor de unos 30 metros cuadrados, y cada uno podía alojar hasta cinco personas, aunque en la práctica a menudo habitaban en ellos dos familias y hasta veinte personas. Los bloques de edificios tenían cada uno medio millar de apartamentos, con un alquiler en aquel entonces de unos 14 dólares al mes.

Hasta hace poco, el éxito de Hong Kong se consideraba basado en "un mercado grande y un Gobierno pequeño", con una creencia en pocas regulaciones, impuestos bajos y poca ayuda estatal para superar los problemas inherentes a cualquier sistema económico. Ahora, a pesar de un crecimiento del 26 % durante los pasados siete años, los pobres son todavía más pobres y los precios de los arrendamientos son cada vez más altos. En la opinión de muchos, esto se ha convertido en una fuente de descontento social con alto riesgo de desembocar en una crisis.

¿Qué es lo que funciona para cambiar un sistema social que es percibido como injusto? ¿Qué puede hacerse para alterar un equilibrio social que resulta indeseable, violento o injusto? Parte de ello radica en reconocer el problema. Cuando medio millón de manifestantes se congregaron el primero de julio de 2003, Tung Chee Hwa, el jefe ejecutivo de Hong Kong, se vio forzado a dimitir.

Por otra parte, en China continental se presentan protestas llamadas "caminatas", en las cuales miles de personas se reúnen para caminar alrededor de un edificio que por alguna razón les afecta. En septiembre de 2011 en Dalian, en el noreste, las protestas se llevaron a cabo contra una fábrica que elaboraba un líquido inflamable utilizado en la producción de textiles y que causa cáncer. Ese mismo mes en Haining, en el este, cientos de personas protestaron durante tres días contra la polución.

Por desgracia, aunque la gente reconozca el problema, es posible que no vea cómo también es suyo. La gente puede ver que hay un problema de hacinamiento, de pobreza o de polución, y a su vez convencerse de que es parte del sistema económico. Pueden ser conscientes de la desigualdad imperante, pero justificarla diciendo que la inteligencia y la dedicación explican las diferencias que existen entre las personas.

Desde luego que resultan valiosos los esfuerzos para aumentar la conciencia de la necesidad o de la posibilidad de adaptarse. Lo valioso de una protesta reside en que atrae las miradas hacia una situación en particular: algunas campañas generan una fuerza de voluntad para hacer algo, aunque a veces la gente no sabe qué es lo que hay qué hacer; las protestas más valiosas aumentan la fuerza intelectual que se aplica a comprender la naturaleza de la adaptación requerida. Estimulan la acción de pensar mejor en grupo, el pensamiento emergente.

El 13 de julio de 2011, uno de los cerebros creativos de Adbusters, una organización con sede en Canadá que diseña y se involucra en campañas "para impulsar el nuevo movimiento activista social de la era informática", propuso realizar una protesta pacífica en contra de Wall Street. Su agrupación de mentes creativas incluye unas 90 000 personas que forman parte de una comunidad por Internet de intercambio de ideas a nivel global. Alguien sugirió iniciar en Twitter un *hashtag* (una etiqueta con una palabra clave) como una manera de ventilar la idea. Otros crearon un afiche de una bailarina encima del "toro embistiendo", la icónica estatua de Wall Street, para hacerle publicidad a una jornada de protestas contra la bolsa de valores, con un eslogan muy sencillo: "Saquen el dinero de la política".

Utilizar Twitter como su red social de comunicación fue en efecto una elección efectiva. A los usuarios de Twitter les gustan los juegos de palabras astutos, les gusta la autoorganización y, además, los usuarios de Twitter en Occidente habían observado los movimientos de desobediencia civil en los países árabes con un interés que rayaba en la envidia. Muchas personas asociadas con el grupo Anonymous alentaron a la gente a "inundar el bajo Manhattan" y "ocupar Wall Street".

Y así ocurrió. Miles de personas tomaron parte en las acciones en Nueva York. Y luego en Detroit y Oakland. Y París y Londres. De manera deliberada adaptaron su técnica, de una de ataques por sorpresa a una de ataques en enjambre, simultáneos y desde diferentes direcciones para ocupar un sitio simbólicamente importante. La siguiente cita de Raimundo Viejo, profesor de la Universidad Pompeu Fabra en España, fue usada en la entrada de blog inicial de Adbusters, e ilustra la adaptación de las tácticas: "Entonces, nuestro modelo era atacar al sistema como una manada de lobos. Había un macho alfa, un lobo que lideraba la manada, y otros que lo seguían por detrás. Ahora el modelo ha evolucionado. Hoy somos un gran enjambre de gente".

La táctica se proponía incluir la repetición incesante de "una exigencia sencilla en una pluralidad de voces". Se inspiraba en la exigencia de la gente congregada en la plaza Tahir en El Cairo para que se marchara el presidente Mubarak. La dificultad que se presentó en este caso era que las exigencias de los manifestantes de "ocupar Wall Street" no estaban siquiera cerca de ser tan claras y directas. Incluso en la entrada de blog inicial, la exigencia de "Democracia, no corporatocracia" es compleja y poco clara.

No obstante, pusieron a hablar a la gente. Los medios de comunicación estaban fascinados por el contraste entre los monumentos e hitos famosos con las acampadas en tiendas de campaña. La iniciativa tuvo una resonancia notable con multitud de personas que no estaban involucradas directamente con las protestas. Existía un deseo muy generalizado de reducir el grado de corrupción, compartir mejor la riqueza y aumentar las oportunidades. Las encuestas de opinión sugerían que una mayoría en los Estados Unidos apoyaba la posición de los manifestantes en contra de la avaricia corporativa y sus tentáculos en la política.

"El mundo entero está mirando esto", afirmó uno de los manifestantes cuando se le confrontó con la perspectiva de ser arrestado en Nueva York. Lo supiese o no, "el mundo entero está mirando esto" es un eslogan que tiene una historia. Lo cantaban los manifestantes en contra de la guerra de Vietnam, afuera del Hotel Hilton de Chicago en 1968, durante la Convención Nacional del Partido Demócrata en el momento en que los arrestaba la policía. Los manifestantes en Wall Street pretendían propiciar el cambio generando atención pública y apoyo. El mundo estaba ahora mirando eso, pero ¿acaso se iba a lograr también un entendimiento de lo que era necesario hacer para que mejoraran los sistemas económicos y sociales?

Comprender lo que hay que hacer es un paso significativo en toda adaptación social deliberada. Es factible que la total claridad no sea el punto en el cual comienza la adaptación, porque rara vez se conoce la respuesta antes de que se plantee la pregunta. Incluso si el autor de la pregunta posee su propia respuesta personal, los detalles tenderán a cambiar a medida que más personas se involucren. El cambio significativo no es posible sin que las personas se involucren de forma masiva; una participación masiva cambia las respuestas.

En Londres, el movimiento provocó un debate entre distintos sectores de la Iglesia anglicana, al establecer una de sus dos acampadas afuera de la catedral de San Pablo. La elección del sitio no fue intencional. Originalmente el grupo iba a instalar sus tiendas de campaña frente a la Bolsa de Valores de Londres, pero la policía, actuando con la autorización de un interdicto, selló la entrada. Un par de miles de personas fueron a dar a las afueras de la catedral de San Pablo. Allí se quedaron.

El 16 de octubre, el grupo difundió una declaración inicial que había sido redactada por unas 500 personas congregadas en las gradas de la catedral. El grupo debatió las razones para su protesta hasta que emergió una declaración de nueve puntos. Se incluía la convicción de que se requerían alternativas para los sistemas económicos y políticos vigentes, que los recortes de gastos públicos no eran inevitables y que era preciso un cambio estructural para establecer una igualdad global.

La protesta no había comenzado con esas demandas; surgieron posteriormente. Si los cambios que ellos pretenden tienen lugar, será porque otros se han sumado a los debates sobre esas alternativas. El solo hecho de incluir la palabra "alternativa" en las transmisiones de los medios masivos de comunicación incrementa las posibilidades de que reciba una discusión seria. Esto a su vez incrementa las posibilidades de que se tomen acciones más significativas que las que existían antes de la protesta.

El principio, o mecanismo de adaptación, parece aplicar de manera más general que las protestas inmediatas. Se debe ganar un grado de atención, de tal modo que aumenten los esfuerzos para cambiar el sistema, cualquiera que sea, que consideran problemático quienes llevan a cabo las protestas. Las oportunidades para que otras personas contribuyan deben ser lo suficientemente claras o abiertas, de manera que se logre desviar energía hacia la reconstrucción de los mecanismos sociales y económicos.

Es más importante la oportunidad de contribuir, especialmente en las etapas iniciales, que la serie específica de cambios que se proponen al principio. Estos pueden evolucionar, pueden requerir debate y enmiendas que no pueden ser previstas desde el inicio. En el plan debe haber espacio para distintas posibilidades, e incluso para aceptar compromisos que no se habían comprendido en el momento en que se escribieron esos planes.

En 1971, los trabajadores que confrontaban el cierre de los astilleros en el río Clyde rechazaron la idea de una huelga tradicional y en su lugar optaron por convocar lo que denominaron "work-in" (seguir trabajando de manera activa). Todo el mundo siguió en sus funciones para completar los pedidos existentes, incluso aquellos que ya habían sido despedidos. Siguieron construyendo barcos mientras se esforzaban por que cambiaran las políticas gubernamentales y recibieran el apoyo que necesitaban. Desde los operarios de las fábricas hasta los administradores de nivel más alto, la intención era demostrarle al mundo que existía un espíritu de colaboración que permitía que el astillero resultara viable. Así lo explicó Jimmy Reid, el líder del sindicato:

> No vamos a empezar una huelga. Ni siquiera vamos a hacer una huelga de brazos caídos. Nada ni nadie va entrar en las instalaciones y nada va a salir sin nuestra autorización. Y no habrá gamberrismo, ni vandalismo, ni se permitirá el alcohol porque el mundo nos está mirando y es nuestra obligación comportarnos con responsabilidad, con dignidad y con madurez.

Reid también había entendido aquello de "el mundo está mirando" y ese entendimiento orientó la respuesta creativa de su grupo. Hicieron una adaptación de las tácticas tradicionales de los sindicatos como una manera de ganar mayor respaldo del público y propiciar que el Gobierno actuara en su ayuda, en lugar de romper la huelga. Se trataba de una estrategia no obvia que llevó a una solución no obvia.

El Gobierno de centro-derecha de Edward Heath parecía desear una solución que no significara un aumento en el desempleo. La creatividad de los sindicatos facilitó que distintos grupos apoyaran su reclamo del derecho a trabajar. Antes de que pasara un año, los astilleros Clyde recibieron un préstamo y actualmente sobreviven de diversas formas.

La combinación de llevar a cabo cambios de dirección, evitar la dominación de la idea obvia y agruparse en enjambre, para incorporar una participación masiva hacia la búsqueda de respuestas no obvias, es una combinación poderosa. Durante largo tiempo se ha dado el caso de personas que se agrupan de manera aparentemente espontánea. El simbolismo de las acciones y las ideas puede llegar hasta muchas personas que no se conocen entre sí, pero que sienten afinidad por la misma causa u objetivo.

La prevalencia de los teléfonos celulares permite una forma adicional de organizarse. Ejemplo de ello son los "flash mobs" (aglomeraciones improvisadas), como la multitud de bailarines silenciosos convocados por intermedio de una red social, que paralizó la estación de Metro de Liverpool Street en Londres una noche de viernes, o las batallas de almohadas en Seattle. Los "smart mobs" (multitudes inteligentes), son más políticas en sus acciones, como fue el caso de la convocatoria del beso masivo gay de dos minutos en Barcelona en protesta contra la postura de la Iglesia católica acerca de la homosexualidad. El término "flash mobs" se usa para describir grupos de hasta cien jóvenes que se congregan en un mismo sitio para causar problemas e incluso llevar a cabo saqueos. Tácticas similares fueron utilizadas en los disturbios de Londres de 2011, pero también en los esfuerzos para limpiar los sitios después de los disturbios. Todas las protestas en Moldavia, Irán, Túnez, Egipto y otros países han recibido el sobrenombre de la "Revolución Twitter".

No son solo los manifestantes quienes cambian de dirección y se agrupan en enjambre. McDonald's se encontraba en problemas en los años noventa. Había pretendido tener una eficiencia y una expansión de carácter global, mientras respondía de manera desdeñosa a las tendencias y de manera agresiva a sus críticos. Un énfasis poco imaginativo en las ganancias no dio margen para entender lo que los clientes querían comer y dónde querían comer.

El comienzo de la renovación surgió de un sitio inesperado, no del núcleo de la corporación, sino de Melbourne, Australia, a 19 200 km de distancia. Y la idea no comenzó realmente con un cuidadoso análisis corporativo de las necesidades futuras de su negocio global. La idea surgió al poner una taza de café sobre el mostrador de uno de los locales, a disposición de los clientes de hora pico que necesitaran su dosis de cafeína.

Anne Brown era la titular de la franquicia del local de McDonald's a quien se le ocurrió la idea de añadir al menú un café decente. Era un producto extra no oficial. Pasarían otros seis años antes de que se aceptara como una parte plenamente reconocida de las operaciones de McDonald's, con un local diseñado específicamente para combinar el menú habitual con el café, que se abrió en Brisbane, Australia, en 1999. La adaptación fue finalmente reconocida en el reporte anual de 2000, en el cual el CEO, Jack Greenberg, alabó el concepto que ya se había implementado en 300 locales. Para el 2010, ya se encontraba en más de 1300 locales mundialmente.

En la sede de las oficinas corporativas de McDonald's en Illinois, el enfoque que primaba era la expansión por medio de la apertura de nuevos locales. Cuando esta estrategia presentaba dificultades, los altos ejecutivos volvían su atención a una fiebre de adquisiciones. En cuestión de un año, por la suma de 173 millones de dólares se hicieron con una cadena de restaurantes que estaba en bancarrota, adquirieron un 33 % de la cadena Pret à Manger, y compraron tres cadenas de cafeterías, pizzerías y restaurantes mexicanos. En un par de años, todo ello, excepto la participación en Pret à Manger, había sido vendido de nuevo.

No se trata de que no hubiesen reconocido el problema, lo habían reconocido. Las primeras reducciones de personal y las primeras disminuciones de ingresos tuvieron lugar bajo las riendas del gerente general corporativo Jack Greenberg en 1998. Las primeras grandes pérdidas trimestrales, del orden de 343 millones de dólares, se produjeron en el

2003 bajo la gerencia de Jim Cantalupo, a resultas de la disminución por ingresos en los locales. Se daban cuenta de que había un problema, después de años de combatir contra críticas, demandas judiciales, mordaces documentales y ataques de los movimientos antiglobalización.

El problema para ellos había sido no adaptarse lo suficientemente rápido desde el punto de partida. Años enteros evitando prestar atención a las conclusiones de sus críticos y las mejoras de sus competidores habían dejado hábitos arraigados que afligían el meollo de la corporación. Las personas dentro de la organización estaban conscientes de que existía un problema, pero eran incapaces de acceder a una mayor atención por parte de los niveles más altos, más estáticos. La adaptación más imaginativa estaba teniendo lugar, como es a menudo el caso, lejos del centro.

El experimento de una franquicia en Canadá trajo la innovación del McFlurry, pero fue en Australia donde emergió una cultura de adaptación voluntariosa, casi que juguetona. El McCafé, la McSalad y el McDouble surgieron porque Australia se encontraba relativamente aislada del resto de la organización. Les era posible experimentar, según Charlie Bell, el ejecutivo australiano que en el 2004 se convirtió en el primer gerente general corporativo no estadounidense de McDonald's, y ello ocurría porque se sentían lo suficientemente lejos de la mirada de los más altos ejecutivos como para ensayar cualquier adaptación que pareciera sensata. Bell había comenzado a trabajar en McDonald's cuando tenía quince años, se convirtió en administrador de un local a los diecinueve y naturalmente entendía la naturaleza de la adaptación necesaria.

Por desgracia, los dos gerentes generales corporativos de McDonald's responsables por el cambio inicial, Jack Cantalupo y Charlie Bell, murieron en un plazo de solo un par de años, ambos relativamente jóvenes. En 2004, Jim Skinner fue nombrado para suceder a Bell, quien se había retirado ya gravemente enfermo. Skinner hizo otra contribución importante en la transición de saber que hay que adaptarse a hacerlo de una manera que funcione. Pasó de la complejidad a la claridad.

Jim simplificó las diferentes vertientes de estrategia en un documento de una sola página titulado el "Plan para triunfar", que contenía nueve puntos enfocados a hacer de McDonald's "el sitio favorito y la manera de comer favorita de los clientes". Insistió en que los nueve puntos debían llegar a ser centrales en el desempeño de todos los restaurantes. Opinaba que los empleados tenían que volver a tener conciencia de que su trabajo "no era precisamente tecnología espacial", pero sí requería "una concentración infatigable en mejorar lo que ya existía". En sus propias palabras, esto era "clave para el avance de la organización".

Dejar muy en claro lo que tenía que ocurrir facilitó su comprensión para todos. Para animar a la gente a involucrarse en el esfuerzo, redujo las barreras jerárquicas que existían entre las ideas y las acciones. Si usted oculta las condiciones para involucrarse, usted reduce la probabilidad de que las personas se involucren. Disminuyen las posibilidades de encontrar una corriente permanente de adaptaciones cotidianas requeridas para prosperar en el juego que existe, así como aquellas adaptaciones necesarias para cambiar la naturaleza del juego. La claridad en los conceptos aumenta la disposición de las personas a comprometerse.

Los seres humanos somos una especie adaptativa. Hemos logrado explorar todos los climas y establecer asentamientos en casi todas las condiciones extremas que nuestro planeta puede ofrecer. En los sitios en que físicamente no podemos enfrentar las exigencias del entorno, nos equipamos con vivienda, ropa, herramientas y otras formas de tecnología. Nos mudamos más cerca unos de otros para aumentar nuestras posibilidades de supervivencia, pero también las posibilidades de aprendizaje y acción colectivos. Hemos aprendido a vivir en ciudades y hemos creado conexiones electrónicas entre nosotros de manera que nos sea posible compartir ideas y trabajar conjuntamente.

La historia del ser humano está repleta de individuos y de grupos tratando de adaptarse a una situación o tratando de adaptar la situación al individuo o a los grupos. Está también llena de grupos que no adaptan su comportamiento, por más de que no esté funcionando un determinado comportamiento. Hay abundancia de ejemplos de casos en que el conocimiento no lleva a la acción. Como argumentaba un oficial del ejército de los Estados Unidos:

> Ganarse la buena voluntad de la gente (los iraquíes) es ahora el objetivo de las estrategias tanto del general Petraeus como del general McChrystal. Sin embargo, una cosa es dictar los requisitos acerca de desarrollar buenas relaciones con la nación bajo control y ganarse la buena voluntad de la gente, y otra cosa distinta es desarrollar [...] la formación de líderes lo suficientemente adaptativos para llevar a cabo estos objetivos [...]. El ejército no tiene en marcha programas para el desarrollo de los líderes ágiles y adaptativos necesarios para esta época de conflicto persistente.

El oficial firmante, el teniente coronel Jeffrey E. Pounding, señala que el Ejército estadounidense posee el conocimiento necesario para establecer programas de adiestramiento que a su vez desarrollen la formación de los líderes adaptativos, que podrán, llegada la ocasión, instaurar la paz en las naciones ocupadas. Las Fuerzas Armadas reconocen la necesidad de contar con líderes más adaptativos, entienden la naturaleza de la adaptación, pero no pasan a la acción a partir de lo que han reconocido y han entendido. No se adaptan.

El resultado es una brecha malsana entre necesidad y comportamiento. Y es una brecha que continúa abierta año tras año, mes tras mes, cadáver tras cadáver. Se trata de una falla crónica, en apariencia indiferente a la necesidad, a las víctimas, a la presión política o a los intentos reiterados de los individuos que ven el problema y ven su solución.

La evolución, afirman algunos, no le presta atención a lo que pensamos. Le presta atención a lo que hacemos. Lo mismo se puede decir incluso de las adaptaciones temporales de comportamiento. El éxito de cualquier adaptación en particular se juzga por su efectividad en alcanzar los objetivos de una manera que resulte deseable a la persona o al grupo. No basta con pensar en hacer.

En ocasiones, estos adiestramientos no tienen lugar porque habría que referirse a un posible fracaso para recalcar la necesidad de implementar una acción adaptativa. Por desgracia, el tema de un posible fracaso puede no resultar atractivo para un liderazgo obsesionado con parecer exitoso a corto plazo, en lugar de salir exitoso a largo plazo. Puede existir así mismo un mecanismo defensivo estructural en contra del desarrollo de nuevas adaptaciones. Sobreponerse a este mecanismo es con frecuencia la clave para pasar del reconocimiento de un problema en una situación individual a una adaptabilidad permanente.

Solamente cuando las personas se agrupan como enjambres les es posible sobreponerse a los límites de un sistema existente, para bien o para mal. Solamente cuando esquivan un objetivo demasiado obvio, pueden trasladar los recursos para superar los límites existentes.

Regla 16

Ponga en marcha su ambición

Durante los últimos años, Pull & Bear, una cadena española minorista de ropa, ha abierto 704 tiendas en 48 países. Durante casi el mismo período de tiempo, Gap, la cadena estadounidense minorista de ropa, ha anunciado el cierre de 200 de sus 1426 tiendas. Pull & Bear reclama el "espíritu de juventud" como su inspiración, mientras el éxito de Gap estaba basado en la rebelión juvenil del verano de 1969, personificada por una creatividad magistral, hasta que se hizo mayor, se hizo vieja y dejó de inspirar a nadie.

La manera en que se describen a sí mismas es instructiva. Pull & Bear es parte de "una cultura juvenil global", que diseña ropa y espacios que los clientes adoran. Gap es "una marca de ropa icónica", que continúa aumentando su presencia en el mundo. Gap escucha los espectros de los modelos de ventas del pasado; Pull & Bear sigue la voz del potencial; el futuro le concede dirección y energía sin límite.

La dirección de un grupo humano es importante. Si se limitan las aspiraciones individuales para alimentar una idea en la cual ya no vale la pena esforzarse, la consecuencia es que se restringe la capacidad humana para sostener el sistema. Es más sencillo atraer el interés de los individuos para crear algo mejor, en vez de mantener lo existente por medio de estrategias conocidas. La ambición es el incentivo para conectarnos con el potencial creativo discrecional.

Puede ser difícil para la ambición individual sobrevivir en un sistema restringido por el pasado. Después de veinticuatro años con la compañía, Marka Hansen, presidente de la división de Gap para Norteamérica, probablemente pensó que su iniciativa de lanzar un nuevo diseño de logotipo iba a tener un éxito seguro. O al menos habría podido contar con el respaldo de sus colegas. Pero no fue eso lo que sucedió.

El cambio del tradicional logotipo blanco sobre azul fue recibido con un desdén agresivo, particularmente de parte de los usuarios de Twitter y de los blogueros. Tan solo un par de días después, el nuevo logotipo fue abandonado y los incondicionales del aspecto tradicional y los pantalones caqui pudieron quedarse tranquilos. Hansen negó, y luego aceptó, su culpabilidad de "no haber hecho el cambio de la manera correcta". Pero el verdadero daño se había hecho en los siete años seguidos de ventas decrecientes antes de la debacle por el logotipo. Los clientes habían ido abandonando a Gap mucho antes de que aparecieran amenazas de un rediseño.

En 2008, Inditex, la corporación propietaria de Pull & Bear, pasó a ser la primera fabricante de ropa en el mundo, por encima de Gap. Solo tres años atrás le había arrebatado la primera posición en Europa a H&M. Para 2011, Inditex tenía más de 5000 tiendas, más de 100 000 empleados, facturaba más de 17 000 millones de dólares y tenía ganancias de más de 2000 millones. Cuando Inditex la despojó de su corona en 2008,

Gap había experimentado un crecimiento negativo durante 30 de los pasados 38 trimestres. 20 de esos trimestres negativos habían ocurrido de manera seguida desde 2004. Esto es indicativo de una organización que no es capaz de adaptarse incluso cuando el problema es demasiado grande, demasiado obvio para pasarlo por alto.

Darse cuenta de los problemas no es suficiente para adaptarse, particularmente cuando ese entendimiento está entrelazado con actitud defensiva e inercia. El anuncio que hizo la dirección de Gap para acompañar los resultados corporativos de 2009 resaltaba lo orgullosa que se sentía de haber conseguido mayores ganancias por acción. El anuncio que hizo la dirección afirmó que estaban mejorando su modelo económico. La dirección habló de una trayectoria de rendimiento sostenible y de inversiones selectivas. No era desde luego el reconocimiento claro y directo de los problemas, necesario para entenderlos y realizar las adaptaciones necesarias.

Hay que cuidarse del lenguaje que confunde. Ese tipo de dialecto corporativo es una indicación clara de que la cultura organizacional ha perdido la capacidad de asumir la verdad y de ponerla en palabras. No hubo un reconocimiento de los diez años de pobre desempeño, o de los veinte años de oportunidades perdidas. La competencia en pleno auge, en lugar de incitarlos a alcanzar nuevas cimas, se convirtió en aquello de lo cual no se debe hablar.

Como lo explicó el portavoz de Inditex: "El éxito del modelo radica en estar en condiciones de adaptar lo que se está ofreciendo en el lapso más breve posible, de manera que el tiempo requerido es el principal factor que se debe tener en cuenta, más aún que los costos de producción". Al esconderse detrás de excusas y de falsos éxitos, la gente de Gap fue incapaz de aprender de la velocidad de adaptación demostrada por su principal rival. En ese momento, habían estado en el mercado, compitiendo con otros durante más de treinta años, y lo único que trataron de adaptar fue el logotipo. Lo que hace falta cambiar es la cultura corporativa.

Tiempo atrás, en 1969, Donald Fisher y su hermano Bob habían decidido abrir una tienda de ropa al por menor en San Francisco. Se cuenta que cuando Donald no pudo encontrar un par de *jeans* que le quedaran bien, se le ocurrió la idea de abrir una tienda. Eligió vender solamente *jeans* Levi's en un principio, al concluir que siempre iba a disfrutar de buenos márgenes de ganancia. Su fortaleza se encontraba en identificar un producto infravalorado y encontrar sitios excelentes para abrir tiendas. La comercialización se la dejó a su esposa, Doris Fisher, y a su equipo.

Esto funcionó hasta 1976, cuando Levi's fue investigado por fijación de precios. Los márgenes de ganancia y el precio de las acciones de Gap se vinieron al suelo. Fisher hizo el ensayo con prendas de vestir con la marca Gap, que le daban un margen menor, pero no se sintió satisfecho con su posición en el mercado. Se asoció entonces con Ralph Lauren, pero no pudo ofrecer manufacturas de calidad suficiente para complacer al joven estelar de la moda. Los productos llegaban con tardanza y no ajustaban bien. La asociación no duró mucho.

En 1983, Fisher encontró una respuesta al contratar a Mickey Drexler, quien le había dado un vuelco a Anne Taylor, una compañía de ropa de mujer con sede en Nueva York. Drexler quería deshacerse de las prendas de vestir con márgenes de ganancia bajas y regresar a la alta calidad y la alta costura. Fisher se opuso a sus ideas, pero finalmente cedió. Sería una de las tres razones que harían famoso a Fisher: fundar Gap, contratar a Drexler y luego despedirlo. Pero fue este último quien transformó la cadena de *jeans* de descuento en una megamarca global. Fue Mickey quien rediseñó cada centímetro de las tiendas. Fue Mickey quien superó la contradicción entre lo barato y lo de buen gusto. Fue Millard 'Mickey' Drexler, nacido en el Bronx en 1944, quien trajo a las estrellas de la farándula para que con sus anuncios dieran lustre a la marca. Y fueron sus decisiones las que ayudaron a aumentar las ventas de 400 millones de dólares a los 14 500 millones que se vendieron en el 2002. El año en que fue despedido.

Cien mil empleados pasaron por Gap durante los años que estuvo Drexler. Ninguno de ellos fue elegido para liderar la compañía después de su partida. En lugar de ello, fue nombrado un ejecutivo que había trabajado quince años con la compañía Walt Disney, Paul Pressler. Había estado a cargo de los parques temáticos, de las tiendas de Disney e incluso de la división de licencias. Antes de Disney, Pressler había trabajado para Kenner-Parker, quien popularizó las llamadas figuras de acción, incluyendo la famosa serie de juguetes de *La guerra de las galaxias*.

Aquí hay lecciones para aprender acerca de la ambición personal y la capacidad de adaptarse. Antes de su salida, Drexler, quien lo sabía todo acerca de la venta al por menor de ropa de marca, había cometido algunos errores. Después de vincularse a Gap, Pressler, quien nada sabía acerca de la venta al por menor de ropa de marca, cometería más errores. La diferencia reside en que, sin un entendimiento de las adaptaciones que eran necesarias, era prácticamente imposible para Pressler aprender de sus errores.

Cuando los resultados del siguiente trimestre mostraron un aumento en los ingresos del 12 %, Pressler recibió elogios. No obstante, era demasiado pronto para darle crédito por ello. Las decisiones que habían causado esos resultados procedían de su predecesor o bien se debían a un salto repentino y a corto plazo en las ventas. Muchas ventas que se hacen en un momento dado corresponden a una decisión que se tomó muchos meses antes. Era más probable que este aumento correspondiera a adaptaciones exitosas emprendidas por Mickey y su equipo, como respuesta a lecciones aprendidas de las anteriores decepciones.

Pressler no quería trabajar con el equipo de Drexler. A pesar de que el talento de Drexler había creado las líneas de prendas de vestir que se vendían tan bien, Pressler quería a su alrededor rostros familiares. Deseaba contar con personas que lo hicieran sentir cómodo, de modo que contrató a excolegas de Disney para puestos en los departamentos de operaciones, finanzas y recursos humanos.

Rechazó el lema corporativo de Gap "Own it, do it, get it done" (hágalo suyo, hágalo, logre que se haga") y lo reemplazó por "Explore, create and exceed together" (explorar, crear y llegar a la excelencia juntos). Se colocaron carteles en las tiendas de Gap, se estudiaron los valores, y aumentó el número de reuniones para explicar la nueva cultura corporativa. Las reuniones le robaban tiempo a la tarea de darle un vuelco a la compañía. Los procesos despojaban a la compañía de la energía, la espontaneidad y ese tipo de creatividad mágica, enfocada, que se traduce en resultados para un fabricante de ropa de marca. En lugar de mirar un año hacia delante y conjurar ese futuro a tiempo para moldearlo, la gente de Gap tenía en su futuro semanas repletas de entrenamientos y reportes financieros. No quedaba espacio para convocar el futuro. El gozo se había marchado de las instalaciones.

Resulta muy tentador intentar rehacer una nueva situación para que sea compatible con una antigua situación. En vez de admitir que había muchas cosas de la industria que ignoraba, Pressler insistió en hacer lo que podía tener bajo su control. Redujo los costos asignando un solo distribuidor de telas para las marcas de Gap. Redujo los costos estipulando que todas las muestras se fabricaran en Asia, no en los Estados Unidos. Hizo exactamente lo contrario que Inditex. Se concentró en lo financiero y no en lo relativo a la moda. Se concentró en los costos en lugar del crecimiento. Estableció escollos para la adaptación.

Este tipo de testaruda adaptación errónea fue respaldada por el propietario de Gap, pues Fisher no quería admitir su gran equivocación al despedir a Drexler. Era particularmente difícil reconocer su error porque Drexler ya estaba transformando J-Crew de un servicio de entrega por correo de prendas de vestir, simple y seguro, en una fuerza excepcional en venta de ropa de marca a nivel internacional. Mientras más evidente sea la equivocación, menos inclinado se sentirá un líder común y corriente en confesar su error. En consecuencia, la adaptación nunca puede ser veloz.

Pressler se fue de Gap en 2007, con los agradecimientos de Fisher por ser "un gran socio" y lo reemplazó Glenn Murphy, un exgerente general corporativo de una empresa de venta al por menor de productos farmacéuticos. Para ese entonces, Drexler había sacado a J-Crew a cotizar en la bolsa y había convertido los 609 millones de dólares de deuda en 1000 millones en ingresos. Mientras tanto en Gap, Murphy, quien no sabía nada sobre la industria de la moda, dedicó el 2008 a reducir costos, en tanto seguían decayendo las ventas. Inditex acababa de convertirse en el primer fabricante de ropa en el mundo.

"Mi percepción de administrar una tienda es como la de participar en un juego; uno quiere ganar", fue la respuesta de Donald Fisher a la pregunta de un empleado. El problema es que él ha restringido la definición de "ganar" a la noción de mantener en sus manos el control. No se trata de un imposible. No se trata de la crisis financiera. Se niega a encontrar un sucesor a Drexler con amplia creatividad porque no está dispuesto a adaptarse para ganar. Fisher parece carecer de la ambición para permitir que la magia creativa regrese a Gap.

Una serie de experimentos recientes llevados a cabo por investigadores de la Universidad del Sur de California sugiere que una persona con poder puede utilizarlo para castigar a alguien que tiene un estatus más alto. Los investigadores crearon cuatro grupos con 213 voluntarios. A cada voluntario se le asignó de manera aleatoria un rol de un estatus elevado o uno bajo, y se le pidió que trabajara con un socio en un juego de carácter empresarial. Se ofrecía un premio de 50 dólares para uno de los voluntarios, decidido por una rifa.

Los voluntarios decidían qué tareas debía hacer su socio para que tuviera derecho a participar en la lotería, y elegían esas tareas de una lista de diez, la mitad sencillas y la otra mitad degradantes. Si así lo elegían, podían obligar a su respectivo socio a completar todas las diez tareas, o, por el contrario, zanjar el asunto indicándoles que hicieran una sola tarea de la lista. La diferencia estaba en que la mitad de los voluntarios tenía la opción de retirar de la lotería el nombre de su socio si no les gustaban las tareas que tenían que completar. A consecuencia de esto, tenían un mayor poder en esta situación, mientras que sus respectivos socios tenían menos poder.

Aquellos con un estatus elevado y un mayor poder sentían que era innecesario humillar a sus socios. Complacidos con su situación, elegían menos tareas y más sencillas para el otro. En contraste absoluto, aquellos con un estatus bajo y un mayor poder, forzaban a sus socios a hacer tareas degradantes.

No tenían obligación de hacerlo y no obtenían ninguna ganancia monetaria a partir de su decisión de degradar a sus asociados de estatus elevado. Para la mayoría de ellos, el poder para actuar respecto a sus sentimientos de encontrarse en un estatus bajo resultaba irresistible. Es importante subrayar que el estatus bajo no tenía qué ver con el grado de poder ni con las recompensas; tenía que ver con la manera como era percibido el rol por parte del individuo y del grupo.

Fisher, el propietario de Gap, a menudo se quejaba de que Drexler estuviera recibiendo todo el crédito, las alabanzas y la atención. En cuanto tuvo la oportunidad, aprovechó su estatus más alto para humillarlo. Contrató a alguien para que pudiese administrar lo que ya existía en vez de crear cualquier cosa que desafiara su estatus como fundador. Para castigar a Drexler, no le dio la oportunidad de rectificar sus errores.

Algunas veces, tal vez con frecuencia, las primeras personas en reconocer algo o en tener una mayor percepción de algo que está ocurriendo no son apreciadas. Mientras más extrema o diferente o desagradable o radical sea esa percepción, más extrema o desagradable tiende a ser la reacción de aquellos que no comparten la percepción.

Con mucha frecuencia, los ganadores del Nobel han visto algo antes que los otros y han adaptado su trabajo para que encaje en lo que han visto. El 8 de abril de 1982, Danny Shechtman, un científico del Instituto de Tecnología Technion-Israel, vio algo que resultaba imposible. Mientras examinaba las fotos de una aleación enfriada a gran velocidad, notó que había átomos dispuestos en un patrón que no se repetía. Eran cristales y, sin embargo, no eran cristales. Vio algo que no debería haber existido de acuerdo con el conocimiento científico de entonces.

El líder de su grupo de investigación le pidió que se marchara, pues era una vergüenza para todos. Era algo que rompía tantas reglas básicas, que la gente no aceptaría que podría tener razón acerca de lo que había observado. Incluso se presentó oposición de parte de Linus Pauling, "padre de la biología molecular" y ganador de dos premios Nobel en categorías diferentes. Se hizo célebre la declaración de Pauling para rechazar la noción de Shechtman: "No existe tal cosa como los cuasi-cristales; solamente los cuasi-científicos".

Shechtman perseveró. Encontró alguien que lo apoyaba, luego una segunda persona, luego una tercera. Su primer ensayo investigativo fue rechazado para su publicación; el segundo fue aceptado, pero ridiculizado por los químicos establecidos. No obstante, empezó a ganar credibilidad creciente de parte de matemáticos y de físicos, fuera de su área específica de pericia. En un momento dado recibió una copia del libro de Thomas Kuhn, *Filosofía de la ciencia*, y en sus páginas encontró las experiencias de Kuhn que narraba sus oposiciones al consenso general.

La historia de los cuasi-cristales ilustra la importancia de diferentes tipos de adaptabilidad. El premio Nobel Pauling no pudo adaptar su postura para aceptar un nuevo descubrimiento, mientras que Shechtman no estaba dispuesto a adaptar su postura para negar lo que había descubierto. Sus opositores no podían aceptar que se reescribieran los conocimientos ortodoxos, pero al fin y al cabo tuvieron que adaptarse a la nueva evidencia.

La ambición no está distribuida de una manera equitativa; tampoco es igual en su naturaleza el tipo de ambición que cada cual posee. Existen diferentes tipos de ambición. La ambición ciega es muy criticada, y hay que aguantarla con mucha frecuencia. La ambición narcisista no es atractiva para quienes se relacionan con aquellos obsesionados consigo mismos. Una ambición escasa puede significar que las personas permanezcan en situaciones autolimitantes, mientras que, por el contrario, la ambición de sobreponerse a las restricciones puede convertirse en un acto de imaginación que cambia el mundo.

Pensemos en Bill Gates y su deseo de que existiera un computador en cada escritorio. En 1981, esto era una declaración ambiciosa. Y parecía una declaración excesiva, pues los computadores personales apenas estaban emergiendo desde las mesas de experimentación de los aficionados y los garajes de los inventores. La ambición es una manera de ver el futuro. La manera en que vislumbramos los distintos futuros moldea nuestras acciones en el presente. Para poder cambiar cosas en el transcurso del tiempo, tenemos que avanzar; la ambición es lo que nos pone en camino.

Cuando Ponoko, un servicio por Internet para fabricar objetos con base en la manufactura digital, anuncia "el sistema más sencillo del mundo para fabricar cosas", está demostrando su revolucionaria ambición. Al proclamar su iniciativa de factoría personal, ya introduce la idea que no perecerá incluso si ellos fracasan. Ponoko es una idea brillante que está entrelazada con las tendencias a largo plazo del ser humano. Nos gusta construir cosas. Nos gusta descubrir productos que mejoren nuestra calidad de vida y resuelvan nuestros problemas. Ponoko satisface ambas necesidades.

Es difícil exagerar su grado de ambición. Quieren hacer posible que una persona cualquiera transforme su idea en un producto real de manera tan sencilla como comprar un libro por Amazon.com. Se invita al usuario a cargar la idea que tenga y a comprar o modificar las plantillas de diseño existentes. A continuación, puede añadir sus productos a una exposición en línea, donde son fabricados sobre pedido y enviados a los clientes.

La producción es local o tan local como sea posible. La idea es que la gente con impresoras 3D en sus hogares imprima sus productos para ser enviados a los clientes. Es como el regreso de las máquinas de coser en el siglo XIX, cuando pequeños negocios familiares podían elaborar productos a la medida a partir de pedidos que les hacían a su casa, apartamento o cabaña. Ponoko se imagina una comunidad de ideas que se magnifica por la participación creciente de usuarios y la producción simplificada.

La tendencia de la factoría personal y local se encuentra a un mundo de distancia de aquella ambición tan limitada de reducir los costos para incrementar las ganancias. De muchas maneras, la impresión en 3D es característica de cómo ocurren las revoluciones tecnológicas. Empezó gracias a una mente curiosa. Continúa nutriéndose con una especie de fascinación obsesiva y altruista en lograr que funcionen las nuevas ideas a través de la adaptación de tecnologías existentes. Las ideas se renuevan con la experimentación infatigable.

La impresión en bloques de madera se remonta casi 2000 años atrás, cuando se propagó de China al resto del mundo. Pasarían 800 años antes de que los chinos, y luego los coreanos, dilucidaran la técnica de los tipos móviles. Y se necesitaron otros 400 años para que un europeo creara una prensa de impresión. Alrededor del año 1439, Johannes Gutenberg adaptó la idea de los tipos móviles a una aplicación más rápida, que requería de menos personas y costaba menos dinero. Son muchos los que consideran este invento como el más importante del segundo milenio.

Una nueva era tipográfica energizó el Renacimiento en Europa. Las ideas podían viajar más velozmente entre los individuos, los grupos y las naciones. Las opiniones y los descubrimientos podían ser compartidos. Una vez compartidos, los méritos de las ideas podían ser debatidos, criticados y sujetos a mejoras. Las bases de una comunidad científica más fiable fueron hechas posibles con la simple prensa de impresión. Los científicos podían ver más lejos erigiéndose sobre los hombros de gigantes, y esos hombros estaban hechos de libros.

Algo similar está ocurriendo con Internet. Los debates, críticas y colaboraciones en línea ocurren de manera mucho más rápida que con el material escrito. Puede que la velocidad no lo sea todo, pero si todas las interacciones tienen unos estándares similares, entonces la velocidad lo es casi todo. Mientras más intentos se hagan para solucionar algo de forma colectiva, más probable es que se encuentre una solución.

Se proponen ideas e iniciativas, se debaten las objeciones y se intercambia información sobre investigaciones de mutuo interés. Todavía existen ventajas de publicar en papel, pero es posible que estas ventajas tengan que ver menos con la adición de contribuciones originales al conocimiento humano y mucho más con la perpetuación de sistemas de medición y estatus académico.

Aquellos que buscan respuestas urgentes y un entendimiento profundo no van a esperar durante años por publicaciones y las consiguientes revisiones. El proceso adaptativo de identificación, entendimiento y acción se ve acelerado por la funcionalidad de Internet y por una sensibilidad de tipo colaborativo. Algunas comunidades científicas han adaptado maneras centenarias de trabajar con las ventajas de Internet.

Como ejemplo reciente, Ed Nelson, un profesor de la Universidad de Princeton, anunció hace poco que había encontrado inconsistencias en algunos de los principios fundamentales de las matemáticas. Los principios en cuestión son conocidos como los axiomas de Peano y fueron publicados en 1889 por el matemático italiano Giuseppe Peano.

La gran mayoría de los matemáticos asumen los axiomas de Peano como correctos, basándose en la intuición: parecen correctos. Para muchos, además, son considerados baluartes intocables de la ortodoxia matemática. De manera que cuando se anunció que se había encontrado una demostración, se inició un animado debate en la red. Rápidamente se incorporaron a la discusión blogueros especializados en matemáticas, académicos y aficionados.

Terry Tao, el prodigio de las matemáticas en UCLA, compartió sus inquietudes sobre la validez de las aseveraciones de Nelson en su blog de Google+. Estas inquietudes fueron difundidas por el bloguero John Baez, en la Universidad de Texas. Edward Nelson se defendió de las críticas de Tao acerca del punto en que era probable encontrar el error de razonamiento. Después del intercambio de unos pocos mensajes, Nelson concedió que su "respuesta original era errada", y retiró su aseveración. El trabajo preparatorio antes de hacer aquella aseveración debió haber tardado años. Su desacreditación y subsecuente retractación ocurrió en un solo día.

La velocidad es importante, al igual que lo es la manera del intercambio. En cuanto una idea es compartida en la red, está al alcance de más de dos mil millones de usuarios a través de los motores de búsqueda. Para conocerla no se necesita que una persona esté trabajando con el que ha lanzado la idea, o conocer los detalles; puede ser que tropiece con ella por casualidad. Es posible que se formen comunidades alrededor de los individuos que han lanzado las ideas o alrededor de las propias ideas. Terry Tao tiene más de 5000 personas que siguen sus disquisiciones en la red. Esto es tan solo un pequeño ejemplo del poder de adaptación de la conectividad masiva.

Este es el género de adaptación masiva que se imagina el movimiento de la factoría personal. Es también el género de personalización masiva que los visionarios ambiciosos anticipan que va a tener lugar en campos tan diferentes como la medicina, la moda, la industria electrónica y la de juguetes. Por consiguiente, están tratando de construir sistemas que se puedan adaptar a la imaginación, las necesidades y los sueños de la población mundial.

George Church es de esa clase de personas que tienen ambiciones más allá de lo posible, que es exactamente la razón que lo impulsa

a intentar lo imposible. Este planteamiento dinámico a la adaptación busca identificar necesidades. Church desea mejorar el mundo y entonces busca maneras de integrar diversas disciplinas para crear lo que él desea.

En su laboratorio en Harvard se ha rodeado de personas más jóvenes porque, según dice, "ellos me permitirán seguir soñando". Valora su falta de experiencia porque "ellos no creen que las cosas sean imposibles".

Para otras personas con mayor experiencia, o con menos imaginación, es más fácil rechazar ciertas ideas tildándolas de descabelladas, solo porque todavía no funcionan. El director del departamento de Bioética de la Universidad de Boston describió algunas de las visiones de Church como "pertenecientes al campo de la ciencia ficción", y agregó que "uno tiene que ser muy iluso para creer que se pueden hacer progresos tan grandes como los que él se imagina". Esta manera de pensar no reconoce plenamente la necesidad o la oportunidad de adaptarse, porque se queda en las limitaciones de la situación actual.

Hace unos treinta años, Church fue uno de los primeros científicos en reconocer la oportunidad de determinar la secuencia del genoma humano. Su laboratorio fue el primero en diseñar y construir una máquina para decodificar el genoma. Determinar la primera secuencia de un genoma tuvo un costo de 3000 millones de dólares, pero él siguió perfeccionando la investigación hasta reducir el precio de decodificar un genoma a solo 5000 dólares. Church está convencido de que el costo disminuirá rápidamente hasta que sea menos de 250 dólares y pase a ser una prueba médica rutinaria.

Church participa en más de veinte grupos diferentes de financiación pública y privada, con el objetivo de reunir perspectivas desde diversas disciplinas y con tantos recursos como sea posible. El enfoque de su trabajo es identificar todos los siete mil millones de fenotipos en el mundo, la manera en que estamos hechos, nuestro material genético. Se propone comenzar con 100 000 voluntarios, y cada uno de los 60 millones de bits que componen sus genomas individuales.

Y eso no es todo. Después, Church quiere construir máquinas que permitirán que los genomas individuales sean adaptados deliberadamente. Irán más allá de ser secuenciadores de genomas para pasar a ser adaptadores de genomas. De acuerdo con Church, se construirán máquinas para reprogramar nuestros genomas individuales genética y epigenéticamente. Este proceso toma células madre adultas y las lleva de regreso a un estado pluripotente en el cual pueden convertirse en cualquier tipo de célula.

Al relatar esta historia nuestro enfoque es dual. En primer lugar, queríamos recalcar cuán fácil es que terceras personas descalifiquen ciertas nociones no ortodoxas como una especie de exuberancia irracional contagiada por la ciencia ficción, a pesar de los progresos que se han hecho. ¿Será que solamente la exuberancia irracional es capaz de sobreponerse a las restricciones de los sistemas y conocimientos previos? ¿Será que solamente la ficción es capaz de dejar de lado los límites de la situación actual, por un tiempo suficiente, para idearnos una manera de avanzar hacia una situación mucho mejor? La ambición abre las puertas para llegar más lejos.

En segundo lugar, el concepto de llevar de regreso las células adultas hacia un estado en que son más adaptables es directamente análogo a los sistemas humanos. Cada parte de un grupo social y cada individuo en un grupo social tiende a especializarse. Esta especialización incluye roles económicos o profesiones, pero también incluye miles de comportamientos que encajan en los patrones de comportamiento que encuentran a su alrededor. Estos tienden entonces a convertirse en comportamientos habituales, atajos apresurados y predecibles, y muchos son aceptados sin una reflexión consciente. Es posible que ni siquiera sepamos por qué estamos haciendo algo.

Restaurar nuestro comportamiento a una condición completamente abierta probablemente no sea algo recomendable, pero un grado amplio de apertura es indispensable para permitir nuevas adaptaciones. Poner en marcha su ambición requiere desprenderse de viejas limitaciones, olvidarse de antiguas restricciones, saltarse ciertas fronteras y encaminarse a mundos nuevos.

Regla 17

Siempre es el comienzo

Desde el punto de vista de la adaptación, si usted todavía está participando en el juego, entonces es siempre el comienzo. Existen siempre ventajas de adaptarse desde un principio, o bien de adaptarse lo mejor posible durante un período prolongado. El ganador adquiere recursos que lo hacen más inmune a los desafíos del entorno. El ganador bien podría aprender algo acerca del hecho de triunfar, e incluso acerca de la mejor manera de alcanzar la renovación.

Y, sin embargo, no ganar en un inicio, o no ganar con frecuencia, e incluso no ganar nunca, no impiden que uno se adapte más exitosamente en el futuro. Las debilidades pueden pasar a ser fortalezas a medida que cambia la situación. Se pueden reconsiderar las acciones de manera imaginativa, de tal manera que cualquiera que sea el punto en que se encuentra, se convierta en el mejor sitio para empezar.

Las características de una estrategia exitosa pueden convertirse en exageradas con el paso del tiempo. El exceso de recursos puede incitar a la imprudencia, el despilfarro o a la autocomplacencia. Los patrones exitosos de comportamiento pueden crear un bloqueo, de tal forma que las personas repiten las mismas acciones con muy poca reflexión y muy poca imaginación. Se les olvida cómo adaptarse.

Siempre y cuando usted siga adaptándose, existe la posibilidad de dar con una adaptación de más alto nivel, más efectiva. Esto es particularmente cierto cuando un grupo de individuos es consciente de que está simplemente sobreviviendo hasta que encuentren algo mejor. No aceptan la simple supervivencia como una forma de vida; no han reducido sus expectativas hasta el punto de que se contenten con sobrellevar la situación. Aguardan inmersos en un patrón de supervivencia, a la espera de encontrar una mejor manera; la supervivencia es únicamente temporal.

Esto no quiere decir que la supervivencia sea siempre una opción. Eventos por fuera del control directo pueden combinarse para arruinar el mejor de los planes y avanzar más rapidamente que una adaptación veloz. Accidentes, el azar, hechos fortuitos, casualidades, consecuencias imprevistas y la mano invisible o las acciones humanas pueden abrumar las elecciones individuales de numerosas maneras.

En 1991, RitVik era todavía una compañía bastante pequeña de distribución de juguetes, con su sede central en Ontario, Canadá. Sus fundadores, Rita y Viktor Bertrand, habían tenido el deseo de incursionar en algún producto patentado propio que pudiera ayudarles a una expansión por todo el mundo. Estuvieron al tanto de las batallas legales y comerciales que se iniciaron al expirar las últimas patentes para los diseños de los bloques de construcción de Lego en 1988, y reflexionaron sobre cómo podrían sacar provecho de la coyuntura.

Junto con su hijo, Marc Bertrand, en ese entonces ya convertido en gerente general corporativo de la compañía, observaron con atención cuando Tyco, la compañía estadounidense de juguetes, ganó en los tribunales el derecho a fabricar copias de los bloques de Lego, para luego perder en las tiendas la batalla competitiva. Llegaron a la conclusión de que Tyco había fracasado al competir únicamente con precios más bajos. RitVik fue rebautizado como Mega Bloks, y su gerente general estaba confiado en que la compañía podría adaptar la plantilla básica de Lego a usos que les permitirían triunfar.

Lego no tardaría mucho en presentar su primera demanda, y la segunda, y la tercera. Pero seguían perdiéndolas. Los intentos de Lego para mantener la protección de su patente por medio del derecho de marcas no convencían a los tribunales ni a los reguladores. Lego trató de competir con Mega Bloks en los estrados judiciales, en lugar de hacerlo en las tiendas de juguetes. Las acciones legales distrajeron su atención de la adaptación de sus juguetes al comportamiento de los distribuidores y de los usuarios, niños o adultos.

Mega Bloks planificó el uso de variaciones imaginativas a la idea de los bloques de construcción de Lego. Ya habían lanzado al mercado su muy exitoso bloque de gran tamaño en 1984. A las madres les encantaba el diseño, que no suponía peligro alguno para los bebés. Lego fue lento en su respuesta. Después de que las patentes expiraron, Mega Bloks pudo competir directamente en el sector de minibloques destinados a los niños de mayor edad y a los mayores. En ese momento la competencia se convirtió en un gran premio de adaptabilidad, con una alta probabilidad de que triunfara el que más velozmente se adaptara.

Mega Bloks hizo lo que Lego no podía hacer. Empezó a trabajar con películas y programas de televisión para exhibir juguetes de construcción con distintos temas. Aparecieron figuras en bloques de construcción de distintos superhéroes, incluidos los cómics de Marvel y los de la trilogía del Hombre Araña. También crearon juguetes y escenografías con los Pitufos, Thomas y sus amigos, Hello Kitty, el Señor de los anillos y Harry Potter. Era precisamente esta renovación constante de ideas para los modelos de construcción lo que los clientes encontraban tan atractivo, y Lego encontraba tan intimidante.

Entre 2003 y 2005, Lego redujo su fuerza laboral en 1000 empleados. Lo hizo porque durante ese mismo período las ventas habían descendido en 500 millones de dólares. Era parte de un plan de reestructuración que incluyó la venta de sus parques temáticos a los mismos capitalistas de riesgo, Blackstone, que habían ayudado a financiar la expansión global de Mega Bloks y su salida a la bolsa de valores.

Al llegar el 2011, Mega Bloks había crecido de una empresa con unas 100 personas en 1991 a contar con 1300 empleados. Sus ingresos eran de casi 400 millones de dólares. Lego seguía siendo una compañía muchísimo más grande, con cerca de 1750 millones de dólares de ingresos, pero se había visto forzada a adaptar sus bloques clásicos y sus métodos de mercadeo autocomplacientes. Habían copiado exitosamente al copión.

Era ahora Lego la que tenía la franquicia de los temas de Harry Potter. Lego ofrecía los escenarios de Piratas del Caribe. Lego se dio el gusto de anunciar un 32 % de incremento en sus ventas y un crecimiento de dos dígitos en más de 130 países. La carrera de la adaptación contra Mega Bloks había hecho crecer exitosamente el mercado de los bloques de construcción muy por encima de lo que había sido en los cómodos años noventa. Después de una dificilísima primera década tratando de no reconocer los avances de la competencia, Lego dedicó la siguiente década a trascender los límites de su mercado. A medida que otros competidores se han sumado a la carrera de la adaptación, han provocado esfuerzos mayores y más imaginativos de parte de los demás.

Consideremos el caso de Hasbro, que desarrolló su nuevo sistema de bloques de construcción en el 2011, como una extensión de su franquicia de películas sobre robots, "The Transformers". Entusiasmado por el éxito de tres películas muy taquilleras, e inspirado por el éxito para obtener las licencias que había tenido Mega Bloks, combinaron ambas ideas en una nueva línea de juguetes llamada KRE-O. Cada juego permite construir con las piezas un personaje de la película y luego transformarlo en su correspondiente forma como vehículo. Esto no habría ocurrido sin la incursión en el campo de Mega Bloks, y aumenta aún más el espacio que se les asigna a los juguetes de bloques de construcción en los hipermercados, las tiendas minoristas y en Internet.

La pérdida de su patente de protección en 1988 fue un nuevo comienzo para Lego. La extensión de sus productos en 1991 fue un nuevo comienzo para Mega Bloks. El 2011 fue un nuevo comienzo para Hasbro. Cada año y cada mes, cada uno de los productos tenía un nuevo comienzo independiente de qué tan bien o qué tan mal le hubiera ido en los meses, décadas o días anteriores.

Las distracciones impiden que las personas reconozcan la necesidad de adaptarse. En Lego, la incredulidad de que pudieran perder su mágica protección de la patente fue seguida por una convicción de que podrían conjurar el respaldo jurídico amparados por la Ley de Marcas. Se trata de distracciones que cambian el enfoque en la autocomplacencia a la confusión; ambas condiciones impiden la adaptación efectiva. Es importante elegir el mejor sitio para concentrar los esfuerzos de adaptación, y ese lugar raramente es un tribunal de justicia, ya que una victoria allí a menudo retrasa los cambios necesarios.

Por su parte, Mega Bloks debió confrontar una demanda judicial relacionada con la muerte accidental de un niño que se había tragado el imán de un juguete, seguida por una impugnación jurídica a operaciones de compraventa de acciones por parte de los altos ejecutivos. Entre los otros problemas figuraban una adquisición desastrosa, pérdidas por 459 millones de dólares en el 2008 y una brusca caída en las acciones, de 30 dólares por acción a apenas un centavo. Las organizaciones que no se renuevan, tienden a estancarse, se arriesgan a una existencia plagada de dificultades o incluso a la extinción.

La mayoría de las organizaciones no se renuevan más de lo que consideran que es necesario. En parte lo hacen por eficiencia; tratan de evitar el desperdicio de tiempo y recursos cambiando lo que tienen, si lo que tienen están funcionando. Hay riesgos asociados con un cambio de dirección; es una actualización de un sistema humano, y esta actualización podría no funcionar, o bien, causar problemas incluso si funciona.

Resulta particularmente interesante considerar cómo las ideas que habían hecho tan exitoso a Lego, por ejemplo el lema de su fundador, que decía "Solamente lo mejor es suficientemente bueno", suministró un punto de partida para su competidor clave. Mega Bloks eludió algunas de las restricciones que entorpecían los avances de Lego, proporcionando una nueva fórmula para el éxito, que su competidor, mucho más grande, a la larga emularía y excedería. Solamente ahora se está poniendo al día Mega Bloks con algunas de las adaptaciones superiores de las que ha disfrutado Lego, que incluye enlaces en Internet a mundos virtuales.

Encontrar el competidor apropiado puede ser una manera sencilla de motivar la adaptación. El competidor apropiado aumenta nuestra insatisfacción con la situación actual, porque ellos lo están haciendo mejor que nosotros. También aumentan el número de opciones disponibles para la adaptación, ya que están buscando nuevas vías para hacerlo.

Las acciones que emprende un competidor apropiado pueden producir un deseo de adaptarse, la convicción de que la adaptación es posible y la oportunidad de hacer lo que ya se ha hecho o de superarlo. Cuando Apple lanzó la tienda de aplicaciones, lo que estaba haciendo era algo más que ofrecer *software* a sus clientes; les ofrecía una competencia a las características del iPhone. Un grupo de programadores astutos y motivados identificaban las carencias, las características que no ofrecía directamente el sistema operativo del iPhone. Mientras más significativa la carencia, más popular la aplicación. Apple podía seguir ignorando la carencia en sus propios teléfonos porque la aplicación reducía el problema para sus clientes. O bien, podía incorporar en el sistema operativo una versión con esas características, si eso servía sus propósitos.

Y no obstante, como siempre es el principio, es posible que la insatisfacción no consiga del todo provocar la acción. El descontento por el estado de las cosas bien puede estar hirviendo bajo la superficie, o incluso puede estar debatiéndose abiertamente. Y puede ser que nunca se genere la suficiente presión para sobreponerse a la inercia, hasta que es demasiado tarde.

Un grupo social adaptativo busca renovarse a sí mismo, no porque se vea forzado a ello por resultados deficientes, sino por un deseo genuino de ser mejor. Esta insatisfacción permanente está impulsada por una necesidad interna de mejorar. También está ligada a menudo a una conciencia de cómo se percibe el trabajo del grupo. Existe un reconocimiento del mundo exterior, incluidos los clientes y los competidores, y un deseo de adaptar lo que se hace internamente con el fin de obtener éxito.

El gerente general corporativo de Tata Motors renunció en septiembre de 2011. Lo hizo después de haber estado en el cargo tan solo dos años. En su renuncia, adujo "circunstancias personales inevitables" para su decisión, pero, de todos modos, se trataba de algo inesperado. El mercado reaccionó con nerviosismo ante la pérdida de un ejecutivo con una trayectoria en altas posiciones de BMW y General Motors. Los

analistas se preguntaron en voz alta si el progreso alcanzado se ralen-
tizaría o se detendría.

En el transcurso de un mes, se anunciaron los resultados anuales de
Tata. El incremento en ingresos en los doce meses anteriores fue del
42 %. Tata tenía ahora en el mercado el automóvil más económico del
mundo, el Nano, al mismo tiempo que contaba con algunos de los vehículos más costosos. Había adaptado sus estrategias para competir con
las más grandes marcas de automóviles a nivel mundial. Para muchos
observadores, esto era solo el comienzo.

En el 2008, las cosas eran muy diferentes, cuando, en medio del pánico financiero global, Tata Motors compró Jaguar Land Rover (JLR)
a Ford por 2500 millones de dólares. A los accionistas no les gustó la
negociación y el precio por acción declinó en un 70 % en los 18 meses
siguientes, hasta que vieron los resultados. A partir de una pérdida de
308 millones en el primer año, Tata controló costos e invirtió tiempo
y dinero hasta que JLR se convirtió en la compañía de automóviles de
lujo de más rápido crecimiento en el mundo.

Tata Motors eligió crecer valiéndose de la compra de otras compañías.
Su equipo de liderazgo reconoció que en ello había beneficios y oportunidades para el crecimiento veloz. Querían aprender cómo mejorar
cada una de las compañías que iban comprando, al mismo tiempo que
aprendían de cada una de las compañías que compraban. Al conjugar
la capacidad de aprendizaje de cada grupo, el proceso de adquisiciones
podía acelerar sus esfuerzos de adaptación. Conjuntamente se adap-
tarían mejor.

Cada adquisición, comenzando con la compra de Daewoo en el 2004,
fue percibida como una asociación de aprendizaje. Esta no era una historia de ocupación o de opresión; en lugar de ello, la gente de Tata era

respetuosa del talento existente en cada nuevo grupo, fuera en España, Inglaterra, Corea, Brasil o Italia. Cada compra se efectuaba únicamente si existía un beneficio mutuo de trabajar como equipo.

Tata no estaba comprando nuevas compañías para sobrevivir o para explotarlas; las estaba comprando para permitirse trascender sus orígenes como un fabricante nacional de vehículos comerciales, bajo licencia de otras marcas. Esta diferencia en la manera de pensar significaba que trabajaban con inteligencia para alcanzar los objetivos que se habían trazado antes de la adquisición.

Reflexionar sobre la manera clave para llegar a una situación mejor ha caracterizado a la gente de Tata desde que empezó en 1868 como una sociedad mercantil, a la cabeza de Jamsetji Tata, de veintinueve años de edad. En el transcurso de doce meses adquirió un molino de aceite en bancarrota en la localidad de Chinchpokli, cerca de la línea férrea de Mumbai. Lo transformó en un molino de algodón y lo vendió con una ganancia. El resto de su vida se concentró en cuatro objetivos: comenzar una compañía de acero, un instituto a la altura de los mejores del mundo, una planta hidroeléctrica y un hotel que fuese único.

Uno de estos objetivos lo cumplió en 1903 con la apertura del portentoso hotel Taj Mahal Palace and Tower (el mismo que fue atacado por terroristas el 26 de noviembre del 2008) en Mumbai. Tras el fallecimiento de Jamsetji Tata, su hijo continuó el sueño de su padre fundando Aceros Tata, en la actualidad la séptima compañía de acero más grande del mundo, y Tata Power, la compañía de energía más grande y más antigua de India.

El siguiente integrante de la familia Tata que tomó el control de la compañía fue JRD Tata, nacido y educado en Francia. Aguijoneado por las proezas aéreas del aventurero Louis Blériot, el primer hombre en cruzar a vuelo el canal de La Mancha en un avión verdadero, JRD obtuvo su

Adaptabilidad

licencia de piloto a los veintitrés años. Antes de que pasaran cuatro años había fundado la primera aerolínea comercial de India, que se convertiría en Air India un par de años después de la independencia nacional.

Desde 1938, cuando se convirtió en presidente del grupo Tata, a los treinta y cuatro años, hasta su retiro cincuenta años más tarde, los activos de la compañía aumentaron de alrededor de 100 millones de dólares a más de 5000 millones. No menos impresionante es el hecho de que creó un ambiente laboral que era casi una sociedad dentro de una sociedad, con condiciones de trabajo que eran mucho mejores que las exigidas por la ley. Se aseguró de que los empleados se involucraran activamente en determinar la orientación de la compañía. Introdujo la jornada laboral de ocho horas, asistencia médica gratis y compensación por accidentes, que cubría a los trabajadores desde el momento en que salían de su hogar.

Todavía más asombroso es el hecho de que este crecimiento tuvo lugar con un telón de fondo de graves dificultades a nivel nacional. La "Licence Raj" es el nombre con que se conoció popularmente el autoritario sistema económico de planeación central establecido en 1947 por Jawaharlal Nehru, quien ocupó el cargo de primer ministro inmediatamente después de la independencia de India. El sistema decretaba que el Gobierno expidiera licencias a los negocios privados basándose en planes a cinco años, inspirados en los planes de la Unión Soviética. En los años cincuenta, India arrancó con un alto crecimiento, un comercio abierto y una gran esperanza, pero al llegar los años ochenta, se encontraba lacrada por un bajo crecimiento, un comercio paralizado, un corrupto sistema de licencias y una grave crisis.

Solo en 1991, cuando quedaban únicamente reservas en dólares suficientes para dos semanas, India optó por aceptar la liberalización del comercio a cambio de un préstamo del Fondo Monetario Internacional. Ese fue también el año en que Ratan Tata se convirtió en presidente del grupo Tata y sacó al mercado el primer vehículo para pasajeros fabricado en India. Recibió amplias críticas, al igual que ocurriría con los siguientes automóviles, pero el grupo Tata tenía una especial habilidad para adaptar los detalles de sus productos a las necesidades particulares del mercado.

El grupo Tata ha cultivado una profunda habilidad para adaptarse de manera efectiva. Su actual presidente comenzó su carrera trabajando en una fábrica junto a otros obreros metalúrgicos, paleando piedra caliza y atendiendo los altos hornos. De esta manera, adquirió un valioso entendimiento sobre la existencia de los empleados y sobre el propio trabajo.

Después de ir ascendiendo en la compañía, llegó el momento en que Ratan fue puesto a cargo de una división de productos electrónicos que estaba hundiéndose y al cabo de un tiempo consiguió aumentar la participación en el mercado de un 2 a un 25 %. A continuación se le encomendó la misión de darle un vuelco y hacer rentable la parte más antigua de la compañía, establecida por su propio fundador, Jamsetji Tata. El presidente de la compañía le negó la inversión necesaria para poder hacerlo y por consiguiente hubo que cerrarla. Eran todas situaciones exigentes, que iban cimentando su entendimiento de la naturaleza de la compañía y las dinámicas prácticas inherentes a tratar de lograr mejoras en medio de una crisis.

Ratan Tata no heredó una crisis cuando se convirtió en presidente del grupo. En vez de ello heredó una organización que corría el riesgo de entrar en declive si él no encontraba una manera de trascender las limitaciones. Y heredó los recursos para tratar de ayudar a India a sobreponerse a algunas de sus debilidades económicas y sociales.

Llevó a cabo algunas de las decisiones más obvias, como la reducción del número de empresas, pero también tomó decisiones no obvias. La expansión internacional fue una medida audaz, por ejemplo, pero la decisión más imaginativa fue el impulso que orientó hacia la innovación frugal, que podría brindar respuestas industriales a las necesidades de tantos millones que anhelaban lo que no podían tener.

Uno de los más célebres proyectos frugales comenzó con una percepción. Existía una conciencia de que algo debería cambiar en cuanto a los peligrosos medios de transporte usados por las familias del país. La percepción provino de una serie de garabatos trazados por un presidente corporativo que tenía formación en diseño y se aburría durante las largas reuniones de negocios. Los garabatos desembocaron en un proyecto de cuatro años para diseñar un automóvil que tuviese un precio máximo de 2500 dólares por unidad, así como en una exploración de las técnicas de producción que hicieran posible un vehículo de esa índole.

De muchas maneras, la historia es reminiscente de los orígenes del To-yota Prius. Una idea que venía de arriba, inspirada por una visión social más amplia, que impulsó a los ingenieros, a los asociados de negocios y a la ciencia material más allá de las fronteras existentes. Un tiempo atrás, en el 2008, no escaseaban los libros sobre el Nano, incluyendo uno mío, que alababan el concepto y el asombroso logro de un diseño que se sobreponía a las limitaciones. Pero ese no era el final de la historia; era el comienzo. Así funciona la adaptación.

La fábrica fue reubicada después de los ataques de un político prominente. La producción se atrasó. Aparecieron reportes en los medios de comunicación acerca de incendios inexplicados. El precio subió. El tipo de público para el que había sido proyectado tendría dificultades para adquirirlo sin solicitar un crédito. Y los clientes que podían permitírselo eran disuadidos por su imagen de automóvil barato. La red de ventas no llegaba hasta la gente en las zonas rurales.

Durante un mes particularmente espantoso, noviembre del 2010, vendieron solo 509 autos, de una fábrica con capacidad para producir 100 000 vehículos por año. La reacción negativa de los periodistas descontentos de que esta historia no hubiera tenido un final feliz fue muy severa. Y también fue una reacción equivocada. La crítica no toma en cuenta el logro que representa producir el automóvil más económico del mundo, el valor de lo que se ha aprendido en el proceso y la proeza adaptativa de Tata.

En octubre del 2011, el Nano fue nominado al Premio Mundial de Diseño de Impacto. A lo largo de ese año, las ventas del Nano aumentaron en un 6 %, comparado con solo un 1 % para el mercado del automóvil en general. Lanzó una versión con mejoras, que generó alrededor de 100 000 órdenes de compra. Los competidores están expandiendo el mercado.

Ratan había dejado claro desde el principio del proyecto que se efectuarían continuas adaptaciones y mejoras a la versión original. Espera grandes cosas de su trabajo con el Jaguar Land Rover, el cual puede aprender de Tata la manera de fabricar de una manera económica, mientras Tata aprende de ellos "una mejor manera de fabricar". La compañía sabe que todavía es novata, sabe que sus productos presentan fallas, pero también sabe que está bien posicionada para diseñar automóviles que respondan mejor a las necesidades de los mercados.

Cuando anunciaron el Indica en diciembre de 1998, lo describieron como el auto más moderno de pasajeros de India, y el primero completamente elaborado en el país. La totalidad del diseño y la producción se hicieron internamente. Tata hizo el lanzamiento con gran pompa y con críticas fulminantes de parte de periodistas del automóvil y analistas de la industria.

A pesar de la crítica, se recibieron 115 000 órdenes de compra en el lapso de una semana después de que el auto estuvo disponible, a principios de 1999. En respuesta a las quejas sobre su desempeño, se efectuaron cambios de manera casi inmediata y se produjo una segunda versión. En menos de dos años era el auto mejor vendido en su segmento del mercado. En el 2008 apareció un modelo nuevo y en el 2011 se lanzó una versión totalmente eléctrica.

El espíritu de adaptabilidad se conoce en India como "jugaad". Tiene que ver con la improvisación. *Jugaad* es una palabra hindi que significa "descubrir la manera de hacer que algo funcione, incluso cuando no están disponibles las herramientas indicadas o hay una escasez de recursos". Esto es lo que el Nano sigue representando; eso es lo que personifica al grupo Tata. Decidieron crear un automóvil para "la gente de India", justamente porque todavía no existía y precisamente porque se pensaba que era imposible. Han aprendido que los pasos audaces los llevan aún más lejos.

Una emergencia prolongada para una persona equivale a una oportunidad prolongada para otra. Mientras los críticos se burlaban y los competidores rechazaban intentar lo imposible, 500 ingenieros del grupo Tata estaban trabajando para alcanzar lo imposible. Estaban diseñando y rediseñando. Trabajaban hasta el cansancio y empezaban de nuevo. Y según Girish Wagh, ingeniero jefe de diseño, a pesar de que se presentaban más fracasos que éxitos, la gente se sentía motivada para seguir intentando. Parte de esto era resultado de la implicación personal de Ratan Tata, quien eliminó del proceso el aspecto de temor, de manera que existía solo un espíritu de aventura.

Las investigaciones indican que las personas se cansan de la excesiva repetición. Se introduce la fatiga en los intentos de adaptación y esto impide mejoras adicionales; el esfuerzo parece pesar más que el valor de cada nueva idea. Si la mayoría de los integrantes del grupo social sienten de esa manera, entonces la situación, producto o proceso se queda paralizado. No porque nadie pueda pensar en una manera de mejorar la situación, sino porque no están dispuestos a pagar el precio emocional. Es demasiado desalentador siquiera pensar en comenzar el proyecto de nuevo. Significa el final del progreso.

La mayoría de las personas se siente tentada a quedarse con lo que ya tiene o la situación en que ya se encuentra. El cálculo que se tiende a hacer es que no vale la pena esforzarse por dicha situación, o bien que el esfuerzo no va a funcionar. La familiaridad conduce a rendirse sin intentarlo más. Incluso si lo que tienen es inferior a lo que saben que es posible. Incluso cuando lo que tienen es mediocre, decepcionante o condenado al fracaso. Lo inaceptable es aceptado día tras día.

La capacidad de empezar de nuevo con entusiasmo es un instrumento poderoso. Los conocimientos y las destrezas son valiosos; no obstante, una característica clave de la efectividad para adaptarse es la voluntad de las personas para entregarse una y otra vez, incansable, incluso gozosamente, a un trabajo que no se acaba nunca en pos de ideas perfectas y futuros mejores.

Consideraciones finales

Cuando las personas no pueden crecer, las organizaciones no crecen. Más importante aún, cuando las personas no pueden crecer, las sociedades tampoco pueden hacerlo. La aparentemente interminable creatividad que se invierte en los mortíferos u opresivos juegos del gato y del ratón sería mejor empleada en desmantelar el juego. Es posible dejar de lado la desdichada planicie hacia una armonía social más gloriosa, o bien agruparnos para sobrepasar una serie de expectativas escasas y reemplazarlas con un sentido de profundo y satisfactorio progreso.

Este libro trata de la adaptación más allá de la mera supervivencia. Sobrevivir es necesario, pero es insatisfactorio únicamente sobrevivir. Los grupos sociales deben continuar existiendo si quieren tener la oportunidad de adaptarse, pero la continuación de la existencia no garantiza una adaptación afortunada.

Hemos examinado tres pasos hacia una adaptación deliberada. Estos pasos deben interactuar con consecuencias imprevistas y eventos no planeados, pero de cualquier manera comienzan con la intención deliberada de adaptar la situación de una manera deseable.

El primer paso es reconocer la necesidad de adaptarse. Puede comenzar con algo tan sencillo como saber que alguna cosa está mal, temer que algo va a salir mal, o desear que algo sea mejor. Muy a menudo una voz solitaria, o minoritaria, identifica esa necesidad. También es posible que una mayoría desee que sea mejorado algún aspecto de una situación; un caso menos común es que todos estén de acuerdo en la naturaleza de la mejora requerida.

Algunas personas identifican los patrones que pueden ser cambiados durante años o incluso siglos antes de que sea amenazada la supervivencia. Es posible que incluso reconozcan la oportunidad de trascender los límites que implicarán poco beneficio para ellos y su grupo social inmediato. Estas personas son sensibles a los eventos que ocurren antes de su nacimiento y después de su muerte; son capaces de ver más lejos que los demás y preocuparse de lo que pasará más allá de su existencia personal.

Otras personas reconocen la necesidad de adaptarse cuando es demasiado tarde para sobrevivir, o bien identifican acciones significativas que les reportan ventajas únicamente en el momento en que actúan o después. Aquellos lectores que derivan satisfacción de hacer contribuciones al mundo más allá del momento presente tienen entonces la responsabilidad de considerar de qué manera actuar hacia ese futuro.

El segundo paso es entender cuál es la adaptación requerida. Son muchas más las personas que reconocen vagamente la necesidad de cambiar que aquellas que entienden los cambios precisos que se requieren.

La adaptación tiene que ver con determinar qué tan adecuado es un comportamiento dado para una circunstancia particular, y esto incluye la capacidad de adaptar la circunstancia. En cambio, no tiene que ver con determinar si un grupo social es mejor o más astuto o más amable o más fuerte que otro grupo con el que compite.

De manera similar, un grupo social puede establecer un equilibrio que es completamente insatisfactorio, incluso condenado a un eventual colapso, simplemente porque aquel patrón de comportamiento es la manera en que el grupo se interrelaciona. No porque sea positivo para el grupo, no porque el grupo lo quiera de esa manera y no porque los individuos estén satisfechos con el equilibrio.

Es posible que los integrantes del grupo reconozcan los problemas. Es probable que todos estén insatisfechos con la mecánica de la situación. Pero reconocer los problemas y encontrarse insatisfechos no resulta suficiente para llegar a ninguna mejora. Es posible que los individuos insatisfechos carezcan de la imaginación para ver una alternativa o la pericia para diseñar una mejora, o bien la influencia para alterar la manera en que se comporta el grupo. Es posible que un grupo social termine llegando a una situación sin haber hecho de antemano un esfuerzo deliberado para determinar las características de esa situación. La supervivencia, e incluso el éxito, pueden deberse simplemente a una combinación de interacciones individuales a lo largo del tiempo, donde la complejidad no sea parte de un gran plan, sino de la acumulación de acciones.

La imaginación separa la repetición irreflexiva de la iteración adaptativa. El arte de triunfar consiste en aprender a adaptarse más exitosamente. Y es particularmente valioso ser talentoso en la adaptación en épocas de gran incertidumbre; más aún cuando la naturaleza de estos tiempos inciertos es indeseable para la mayoría de los siete mil millones de personas que habitan el planeta.

Al igual que lo hemos hecho en el pasado, podemos encontrar nuevas maneras de trabajar conjuntamente para que sea posible renovar nuestros grupos y nuestras estructuras sociales. Nada de lo anterior es inflexible; es muy poco lo que se tiene que aceptar como palabra final acerca de las maneras en que nos interrelacionamos y colaboramos. La adaptabilidad es el rasgo humano crucial y solo puede ser bien aprovechada por medio de una imaginación sin limitaciones.

El tercer paso es efectuar la adaptación requerida. Reconocer la necesidad de adaptarse es un buen comienzo; entender los cambios exactos que son necesarios es importante. No obstante, si el cambio no se efectúa, será un final malo.

El cambio es inevitable, pero el progreso no. Es sorprendente cuán a menudo se hacen esfuerzos por cambiar sin que se efectúe cambio alguno. Podemos estar conscientes, o al menos algunos de nosotros estamos conscientes, de que una transformación específica es vital, urgente, importante y deseable, y sin embargo, por alguna razón, se evita hacer la transformación. Con demasiada frecuencia se realizan cambios, tal vez cambios que traen enormes trastornos, o cambios muy costosos, sin que se logre un avance. No se llega a una situación mejor; no se está jugando mejor el juego, hasta el punto que puede parecer preferible no haber hecho nada, y no haber consumido tiempo y energía en el empeño.

Los grupos sociales crean sus propias reglas, pero también son regidos, o al menos influenciados, por las reglas que han creado. Esto significa que las reglas establecidas en el pasado definen el contexto para los debates acerca de qué hacer ahora y qué hacer en el futuro. Tradiciones basadas en lo que las personas experimentaron décadas o siglos atrás pueden influir en la manera en que uno encara un problema, o la manera en que otras personas perciben una situación. Por consiguiente, las personas toman decisiones basándose en la manera en que eran las cosas antes, sin adaptarse realmente a la manera en que son o podrían ser.

La mayor parte de los grupos sociales muestran una gran parcialidad colectiva por mantener las cosas en su estado presente, incluso cuando individualmente quisieran que se produjera un cambio. Una mezcla de lo que se dice y lo que no se dice logra que no se aborden las cuestiones realmente delicadas. Y cuando sí se debaten cuestiones difíciles, ello no lleva necesariamente a una transformación coherente a largo plazo. Es una forma de homeostasis social, de rutina defensiva que trata una y otra vez que las cosas vuelvan a ser lo que eran, incluso si se trata de condiciones insostenibles o contraproducentes.

Los esfuerzos deliberados por generar una adaptación que conduzca a una posición triunfante deben centrarse en los cambios más pequeños posibles, y que lleven al mayor impacto posible a largo plazo. Cada uno de los ejemplos que se examinaron en este libro ha revelado en qué forma partes relativamente pequeñas de un sistema social fueron alteradas de manera que el propio sistema resultó alterado. Una vez se establece un sistema mejor, las diversas partes de ese sistema van a competir de manera natural para conservarlo de esa manera. Se puede decir que se ha trascendido la situación original, cuando supondría un mayor esfuerzo regresar a la situación original que permanecer en la nueva, más sana y más dichosa. Comprender de qué manera se puede trascender es la esencia del progreso humano. En realidad, nunca ha existido una destreza más importante que la de comprender el arte de triunfar en medio de la incertidumbre.

Bibliografía

Regla 1. Juegue su propio juego

Blakesley, P. J. (2004). *Shock and awe: a widely misunderstood effect* (Tesis, United States Army Command and General Staff College, 17 de junio).

Branigin, W. (27 de abril de 2003). A brief, bitter war for Iraq's military officers; self-deception an actor in defeat. *The Washington Post.*

Harford, T. (2011). *Adapt: why success always starts with failure.* Nueva York: Farrar; Strauss and Giroux.

Harlan K., U., & Wade, J. P. (1996). *Shock and awe: achieving rapid dominance.* Washington: National Defense University.

McGrory, D. (3 de mayo de 2006). In the chaos of Iraq, one project is on target: a giant us embassy. *The Times.*

Rockoff, J. D. (30 de agosto de 2011). Pfizer's Future: A Niche Blockbuster. *The Wall Street Journal.*

Wikipedia. (2011). Casualties of the Iraq war. Recuperado de http://en.wikipedia.org/wiki/Casualties_of_the_Iraq_War

Regla 2. Todo fracaso es un fracaso de adaptación

Johnson, K. S., & Krisher, T. (10 de diciembre de 2008). Ford bailout money unnecessary, company says. *Huffington Post*. Recuperado de http://www. huffingtonpost.com/ 2008112110/ford-bailout-money-unnece_n_149824. html

LaMonica, M. (22 de agosto de 2011). *Why the Ford-Toyota hybrid tie-up is a big deal*, CNET. Recuperado de http:l/news.cnet.com/8301-11128_3-20095547-54/why-the-ford-toyota-hybrid-tie-up-is-a-big-deal/

Seib, C. (29 de enero de 2009). Ford refuses bailout despite $14.6 billion loss. *The Times*.

Wood, M. (2010). *An interview with Ford CEO Alan Mulally*, CNET, CES. Recuperado de http://video.answers.com/an-interview-with-ford-ceo-alan-mulally-259735403

Regla 3. Acoja nociones inaceptables

AP IMPACT. (13 de mayo de 2010). After 40 years, $1 trillion, US war on drugs has failed to meet any of its goals. *Fox News*. Recuperado de http://www. foxnews.com/ world/2010/05/13/ap-impact-years-trill icm-wa r-drugs-failed-meet-goals/

Beaumont, P. (5 de septiembre de 2010). What Britain could learn from Portugal's drug policy. *The Observer*.

Dimow, J. (enero de 2004). Resisting authority: a personal account of the Milgram obedience experiments. *Jewish Currents*. Recuperado de http:// www.jewishcurrents. org/2004-jan-dimow.htm

Greenwald, G. (2009). *Drug decriminalization in Portugal, Lessons for creating f'air and successful drug policies*. Washington: Cato Institute.

Jetten, J., & Hornsey, M. J. (Eds.). (2011). *Rebels in groups: dissent, deviance, difference and defiance*. Hoboken, Nueva Jersey: Wiley Blackwell.

Levi's Water<Less Launch. (8 de noviembre de 2010). Recuperado de Contagious.com

Milgram, S. (1974). *Obedience to authority: an experimental view.* Nueva York: Harper Collins.

Redden, B. (11 de agosto de 2011). America's favourite jeans go waterless. *Cliché Magazine.* Recuperado de http:/i>Nww.clichemag.com/2011/08111/americas-favorite-jeansgo-water-less/

Schwartz, A. (3 de noviembre de 2010). Levi's Water<Less Jeans, Will Save Over 16 Million Gallons of H2o by Spring 2011. *Fast Company.*

Szalavitz, M. (23 de agosto de 2011). Could a form of ecstasy fight cancer? *Time Magazine.* Recuperado de http://healthland.time.com/2011108/23/could-a-form-of-ecstasy-fight-cancer/

Szalavitz, M. (26 de abril de 2009). Decriminalising drugs a success, says report. *Time Magazine.*

Tovrov, D. (5 de septiembre de 2011). Mexico's drug war: can president Calderon win? *International Business Times.*

Vastag, B. (7 de abril de 2009). 5 years after: Portugal's drug decriminalization policy shows positive results. *Scientific American.*

Willey, D. (3 de septiembre de 2011). Italian town Filettino declares independence. *bbc News.*

Regla 4. Al carajo las reglas

Bliss, D. (16 de mayo de 2011). A New Formula. *gq Magazine.*

Chui, D. (12 de julio de 2011). gq&a: Christian Horner. *gq Magazine.* Recuperado de http://www.gq-magazine.eo.uk/entertainment/articles/2011-07112/gq-sport-christian-horner-redbull-racing-team-principal-interview

Gorman, E. (20 de diciembre de 2008). Bernie Ecclestone hits back at Ferrari head *by* exposing the teams "special deal". *The Times.*

Hendrix, S. (9 de septiembre de 2011). F16 pilot was ready to give her life on Sept. *Washington Post.*

Linksvayer, T. A., & Janssen, M. A. (2009). Traits underlying the capacity of ant colonies to adapt to disturbance and stress regimes. *Systems Research and Behavioral Science, 26*(3), 315-329.

McCluskey, H. (16 de junio de 2011). The wings behind Red Bull. *The Sun.*

REGLA 5. LA ESTABILIDAD ES UNA ILUSIÓN PELIGROSA

Abunimah, A. (2011). A curious case of exceptionalism: non-partitionist approaches to ethnic conflict regulation and the question of Palestine. *Ethnopolitics, 10*(3-4).

Axelrod, R. (1997). *The complexity of cooperation.* Princeton: Princeton University Press.

Axelrod, R. (2006). *The evolution of cooperation.* Nueva York: Basic Books. [Publicado originalmente en 1984].

Axelrod, R., & Hamilton, W. D. (1981). The evolution of cooperation. *Science, 211.*

Baliga, S., & Sjostrom, T. (2011). The strategy of manipulating conflict. *American Economic Review,* 2011. [Borrador publicado en el sitio de internet de Kellogg School of Management].

Baliga, S., & Sjostrom, T. (2011). The strategy of manipulating conflict. *American Economic Review.* [Borrador publicado en el sitio de internet de Kellogg School of Management].

Ball, P. (18 de octubre de 1999). Everyone wins in quantum games. *Nature.* Recuperado de http://www.nature.com/news/1998/991021/full/news991021-3.html

Du, J., Li, H., Xu, X., Shi, M., Wu, J., Zhou, X., & Han, R. (2002). Experimental realization of quamum games on a quantum computer. *Physical Review Letters, 88,* 137902.

Eisert, J., Wilkens, M., & Lewenstein, M. (1999). Quantum games and quantum strategies. *Physical Review Letters, 83,* 3077.

Gates, J. 'How Israel Wages Game Theory Warfare', 20 de agosto de 2009. Disponible en: http://www.intifada-palestine.com/2009/08/how-israel-wages-game-theory-warfare/

Gevisser, M. (Enero/febrero, 2000). Strange Bedfellows: Mandela, de Klerk, and the New South Africa. *Foreign Affairs.*

Harry S. Truman Institute for the Advancement of Peace. (2010). *Joint Israeli Palestinian Poli, November-December 2010.* Jerusalem.

Horwood, C. (Febrero de 2009). *UBS needs to restore trust, profitability and stability says Rohner.* Recuperado de euromoney.com.

Lowenberg, A. D., & Kaempfer, W. H. (1998). *The origins and demise of South African apartheid: a public choice analysis.* Ann Arbor: University of Michigan.

Makowski, M., & Piotrowski, E. W. (2011). Transitivity of an entangled choice. *Journal of Physics A: Mathematical and Theoretical, 33*(7).

Meyer, D. A. (1999). Quantum strategies. *Physical Review Letters, 82.*

Piotrowski, E. W., & Sladkowski, J. (2002). An invitation to quantum game theory. *International Journal of Theoretical Physics, 42*(5).

Schelling, T. C. (1999). *The strategy of conflict* [publicado originalmente en 1960]. Cambridge: Harvard University Press.

Schreiber, I. (2010). Game balance concepts. Recuperado de http://gamebalanceconcepts.wordpress.com/2010/09101/level9-intransitive-mechanics/

Sigmund, K., Fehr, E., & Nowak, M. A. (2002). The economics of fair play. *Scientific American, 286*(1), 82-7.

Strategic Foresight Group. (2011). *Cost of Conflict in the Middle East.* Mombai, India: Strategic Foresight Group *Time Magazine.* (15 de octubre de 1979). South Africa: adapt or die.

Trivers, R. L. (1971). The evolution of reciprocal altruism. *Quarterly Review of Biology, 46.*

Vogel, G. (2004). News focus: the evolution of the golden rule. *Science, 303,* 5661.

Regla 6. Los estúpidos sobreviven hasta que los inteligentes triunfan

Abrams, M. (Junio de 2003). Can you see with your tongue? *Discover Magazine.*

Bach-y-Rita, P. (2003). Late postacute neurologic rehabilitation: neuroscience, engineering, and clinical programs. *Archives of Physical Medicine and Rehabilitation, 84*(8).

Bach-y-Rita, P. (2008). Theoretical basis for brain elasticity after a TBI. *Brain Injury, 17*(8).

Bomey, N. (16 de febrero de 2011). Timeline: From the founding of Borders in Ann Arbor to Chapter 11 bankruptcy. *AnneArbor.com.* Recuperado de http://www.annarbor. com/business-review/timeline-of-borders-groups-decline/

Border's CEO resigns. (21 de abril de 1999). *CNN.com.* Recuperado de http://money.cnn.com/1999/041211companies/borders/

Brandt, R. L. (2011). *One Click: Jefff Bezos and the Rise of Amazon.com.* Portfolio Hardcover.

Brush, M. (16 de abril de 2008). Will Barnes & Noble win the book wars? *MSN 1 Joney Insight.* Recuperado de http://articles.moneycentral.msn.com/Investing/Company Focus/WillBarnesAndNobleWinThe BookWars.aspx

Burgelman, R. A. (2002). *Strategy as vector and the inertia of co-evolutionary lock-in.* Informe de investigación no. 1745. Stanford Graduate School of Business.

Doidge, N. (2008). *The brain that changes itself.* Penguin.

Kalpanic, S. (2011). *Inside the Giant Machine, an Amazon.com Story.* CreateSpace.

Kuhn, T. (1962). *The structure of scientific revolutions.* Chicago: University of Chicago Press.

Milliot, J. (21 de febrero de 2011). Border's fall from grace. *Publishers Weekly.* Recuperado de http://www.publishersweekly.com/pw/by-topic/industry-news/ bookselling/article/46223-borders-fall- from-grace.html

Minzesheime, B. (10 de febrero de 2010). Is there hope for small bookstores in a digital age? *US Today*. Recuperado de http://www.usatoday.com/ life/books/news/2011-02-10-1Abookstores1O_CV_N.htm PBT Consulting. (19 de julio de 2011). Borders books, a victim of the decline in hardcover books, shift to e-books and state of the book retail industry. Recuperado de http://tommytoy.typepad.com/tommy-toy-pbt-consultín/20111071borders-group-inc-said-it-would-liquidate-after-the-second-largestus-books tore-chain- failed-to-receive-any-offers-to-sa. html

Spector, R. (2002). *Amazon.com: Get Big Fast.* Nueva York: Harper Paperbacks.

Regla 7. Aprender rápidamente es mejor que fracasar rápidamente

Bush, V. (1970). *Pieces of the action.* William Morrow and Company, Inc., 1970.

Button, L. (1970). *Why did BMW buy Rover?* Recuperado de http:/www.aron-líne. eo.uklindex.htm? whydbbrf.htm

Lashinsky, Sr., A. (9 de mayo de 2011). How Apple works: Inside the world's biggest startup. *Fortune*.

Zmuda, N. (2 de abril de 2009). Tropicana line's sales plunge 20% post-rebranding, OJ rivals posted double digit increases as pure premium plummeted. *Advertising Age*. Recuperado de http://adage.com/article/ news/tropicana-líne-s-sales-plunge-20-post-rebranding/135735/

Regla 8. El plan b es el que más importa

Clark, J. (4 de enero de 2007). Easter Island looks to the future. *USA Today*.

Collins, B. W. (2007). Tackling unconscious bias in hiring practices: the plight of the Rooney rule. *NYU Law Review, 82*(3).

Diamond, J. (2005). *Collapse: How societies choose to succeed or fail.* Penguin Books.

ESPN (15 de septiembre de 2011). NFL gets high marks for racial diversity.

Hunt, T., & Lipa, C. (2011). *The statues that walked: the unravelling of the mystery of Easter Island.* Free Press.

Peers, M. (20 de septiembre de 2011). Time warner should read hasting's lips. *Wall Street Journal.* Recuperado de http://online.wsj.com/article/ SB10001424053111904194604 576580952954105990. html

REGLA 9. CONCEDA LIBERTAD A LOS RADICALES

Ackoff, R. (1981). The art and science of mess management. *The Institute of Management Sciences, 11*(1).

Atala, A., Lanza, R., Thomson, J. A, & Nerem, R. (2010). *Principles of regenerative medicine.* Academic Press.

Baron, R. A. (2006). Opportunity recognition as pattern recognition: how entrepreneurs "Connect the Dots" to identify new business opportunities. *Academy of Management Perspectives.*

Berman, B., & Lanza, R. (2010). *Biocentrism.* Dallas: BenBella Books.

Bertoni, S. (21 de septiembre de 2011). Sean Parker: agent of disruption. *Forbes Magazine.*

Dean, R. T. (30 de mayo de 2005). Liam Hudson, iconoclastic research in psychology, obituaries. *The Independent.*

Fischer, J. (25 de noviembre de 2001). The first clone. *US News, Money & Business.*

Green, P. (21 de diciembre de 2006). Saying yes to mess. *New York Times.*

Greiner, L. E. (1997). Evolution and revolution as organizations grow. *Family Business Review, 10*(4).

Harbison, N. (22 de septiembre de 2011). Change the music industry forever today. *Simply Zesty.*

Hedström, P. (2005). *Dissecting the social.* Cambridge: Cambridge University Press.

Hudson, L. (1966). *Contrary imaginations: a psychological study of the English Schoolboy.* Methuen.

Huff, A. S., Huff, J. O., & Barr, P. S. (2000). *When Firms Change Direction.* Oxford: Oxford University Press.

Kirkpatrick, D. (2010). *The Facebook effect.* Nueva York: Virgin Books, 2010.

Schultz, H., & Gordon, J. (2011). *Onward: how Starbucks fought for its life without losing its soul.* Rodale Books.

Smith, O. C. (1 de abril de 2005). Managing growth and leadership change at Starbucks. *Ethix Magazine.*

Starbucks chief executive Orin Smith announces upcoming retirement; North America President Jim Donald Promoted to CEO Designate. (12 de octubre de 2004). *Business Wire.*

Un, C. A. (2011). Advantage of foreignness in innovation. *Strategic Management Journal, 32.*

Weintraub, P. (19 de agosto de 2008). Fight for the right to clone. *Discover Magazine.*

REGLA 10. EN GRUPO SE PIENSA MEJOR

Boolon, J. (17 de octubre de 2011). *RIM's free-app peace offering gels booed.* Recuperado de http://www.foxbusiness.com/industries/2011/10/17/rim-to-offer-apps-to-disgrunt ledblackberry-customers/

Bostian, A. J. A., Holt, C. A., Jain, S., & Ramdas, K. (12 de noviembre de 2010). Adaptive learning and forward thinking in the newsvendor game with transshipments: an experiment with undergraduate and MBA students. *Bostonian.*

Gigerenzer, G. (2002). *Book review of adaptive thinking: rationality in the real world.* Oxford: Oxford University Press.

Kunstler, J. H. (2005). *The long emergency: surviving the converging catastrophes of the twenty-first century.* Grove- Atlantic.

Leymah Gbowee: Peace Warrior for Liberia. *Ocle: The Online Community for Intelligent Optimists, Peacecorso.* Recuperado de http://www.odemaga-zine.com/blogs/readers_ blog/9001/leymah_ gbowee_peace_warrior_ for_liberia

Loftus, T. (13 de octubre de 2011). RLM enters crisis management mode... but is it too late. *Wall Street Journal.* Recuperado de http://blogs.wsj.com/ digits/2011/10/13/rim-enters-crisismanagement-mode-but-is-it-too-late/

Mills, A. (1 de julio de 2011). RIM employees pen letters agreeing with anony-mous exec. *Gotta Be Mobile.* Recuperado de http://www.gottabemobile. com/2011/07/01/rim-employees-penletters-agreeing-\vith-anonymous-exec/

Morawczynski, O. (14 de julio de 2009). What you don't know about M-Pesa. *CGAP.*

Morawczynski, O. (14 de julio de 2009). What you don't know about m-pesa. *CGAP.* Recuperado de http://technology.cgap.org/2009/07/14/what-you-dont-know-about-m-pesa/

Morawczynski, O. (2009). Designing mobile money services: lessons from M-Pesa. *Ignacio Mas, 4*(2).

Munz, P., Hudea, L., Imad, J., & Smith, R. J. (2009). When zombies attack!: mathematical modelling of an outbreak of zombie infection. En J. M. Tchuenche y C. Chiyaka (Eds.). *Infectious disease modelling research progress.* Nova Science Publishers Inc.

Ogg, E. (16 de junio de 2011). RIM misses on revenue, announces layoffs. *CNFT.com.* Recuperado de http://news.cnet.com/8301-31021_3-20071715-260/ rim-misses-on-revenue-announces-layoffs/

Ogg, E. (30 de junio de 2011). Anonymous letter bemoans RIM management woes. *CNET.* Recuperado de CNET.com, http://news.cnel.com/8301-31021_3-20075817-260/ anonymous-leller-bemoans-rimmanagement-woes/

Oram, J. (21 de abril de 2011). Did RIM's arrogance screw up the BlackBe-rry Playbook?. *Brightsideofthenews.com.* Recuperado de http://www. brightsideofnews.com/news/ 2011/4/21/ did-rims-arrogance-screwed-up-blackberry-playbook.aspx

Paul, J. (17 de octubre de 2011). RIM faces hard questions at this week's developers conference. *PCWorld.com*. Recuperado de http://www. pcworld. com/article/242019/ rim_faces_hard_questions_ at_ this_ weeks_developers_conference.html

Profile: Leymah Gbowee, Liberia's Peace Warrior. (7 de octubre de 2011). *BBC News*. Recuperado de http://www.bbc.co.uk/news/world-africa-15215312

RIM: iPhone is no threal lo Blackberry. (5 de marzo de 2007). *Times*.

Roushan, R. (15 de octubre de 2011). BlackBerry outage removes differences between managers, workers. *DNA*. Recuperado de http://www.dnaindia. com/analysis/report_ blackberry-ourage-removes-difference-between-managers_workers_1598932

Yarow, J. (16 de septiembre 2011). All the dumb things RIM's CEOs said while apple and android ate their lunch. *Business Insider*. Recuperado de http:// www.businessinsider. com/rim-ceo-quotes-2011-9

REGLA 11. CONSIGA UN SOCIO EXCEPCIONAL

Call of Duty XP Panel: Zombies. (3 de septiembre de 2011). *Gamespot.com*. Recuperado de http://au.gamespot.com/shows/on-thespot/?event=cod_ xp_panel_zombies201109 03

Could Spiderman the musical be the biggest flap in broadway history? (12 de enero de 2011). *The Week*.

Kennedy, M. (17 de agosto de 2011). The legend of Julie Taymor: Fringe Musical Mocks Director and Spiderman. *Huffington Post*.

Mandell, J. (13 de junio de 2011). Spider 2.0: Is it fixed? Spider-Man turn off the dark review. *The Faster Times*. Recuperad de http://www.thefastertimes. com/ newyorktheater/2011/06/13/spider-man-turn-off-the-dark-review/

Nazi Zombies, Ray Guns and Magic Chests. (11 de noviembre de 2008). *Haxingron Post*. Recuperado de http://www.jessesnyder.org/trenches/?p=42

Riedel, M. (30 de mayo de 2010). Broadway Bombshell. *New York Post*.

REGLA 12. NUNCA LLEGUE A LA EDAD ADULTA

Lewis, A. (28 de agosto de 2011). HP's one year plan. *Wall Street Journal*. Recuperado de http://online.wsj.com/article/SB10001424053111904 78740457653521158951434.htm

Lynch, M. (16 de junio de 2010). Computers take charge by studying patterns. *Financial Times*. Recuperado de http://www.ft.com/cms/s/O/ b395fe8a-774d-11df-ba79-00144feabdcO.html#axzz1X8 DWxpSV

Pavlus, J. (29 de julio de 2011). How Chinese Street Ballers Inspired Nike's HyperFuse Tech. *Fastcodesign*.

Spiller, H. (Noviembre-diciembre de 1996). Pranks at Microsoft. Recuperado de http://www.exmsft.com/-hanss/pranks.htm

Vaughan-Nichols, S. J. (19 de agosto de 2011). Leo Apotheker's HP never wanted webOS to succeed. *Between The Lines*. Recuperado de http://www.zdnet. com/blog/btllleo-apothekers-hp-neverwanted-webos-to-succeed/55543

REGLA 13. LA JERARQUÍA ES COMO COMBUSTIBLE FÓSIL

Fildes, J. (25 de enero de 2010). Playstation 3 "hacked" by iPhone cracker. BBC *News*. Recuperado de http://news.bbc.co.uk/1/hi/8478764.stm

Hinkle, D. (14 de enero de 2011). George Hotz: I got sued for "making Sony mad". *Joystiq*. Recuperado de http://www.joystiq.com/2011/09/14/george-hotz-i-got-sued-for-making-sonymad/#continued http://online.wsj.com/article/SB10001424053111904716604576544740.553600 386. html?google_ editors_picks=true

Luttrell, M. (28 de abril de 2011). George Hotz comments on the PSN debacle. TG *Daily*. Recuperado de http://www.tgdaily.com/games-and-entertainment-brief/55631-george-hotz-commentson-the-psn-debacle

Pandey, R. (13 de febrero de 2011). Geohot raps to Sony's Playstation 3 Lawsuit. *Techie Buzz*. Recuperado de http://techie-buzz.com/tech-news/geohot-raps-to-sony-ps3-lawsuit.html

Tsukayama, H. (2 de septiembre de 2011). Sony: 3 million more Playstation members since attacks. *The Washington Post*. Recuperado de http://www.washingtonpost.com/ business/economy/sony-3-million-more-playstation-members-since-attacks/2011/09/02/giQAEH1Oxj_story.html

Regla 14. Conserve el balón

1970s Month: The Oranje Revolution. (12 de mayo de 2011). *The Equaliser*. Recuperado de http://equaliserfootball.com/2011/05112/oranje-revolution/

Burke, M. (26 de enero de 2011). In an about-face, under armour will introduce cotton apparel. *Forbes*. Recuperado de http://www.forbes.com/sites/monteburkel2011/01/ 26/in-anabout-face-under-armour-will-introduce-cotton-apparel/

Kruse, M. (30 de agosto de 2011). How does Oregon football keep winning. *Grantland*. Recuperado de http://www.grantland.com/story//id/6909937/how-does-oregon-football-keep-winning

Sarinas, J. (24 de marzo de 2010). Billy Beane's failures have set the Oakland a's behind after a promising 2006. *Bleacher Report*.

World Cup 2010 Final: Andrés Iniesta finds key for Spain to beat Holland, Kevin McCarra at Soccer City. (11 de julio de 2010). *guardian.co.uk*.

Regla 15. Esquivar y agruparse

Adbusters. (13 de julio de 2011). #OccupyWallStreet, a shift in revolutionary tactics. Recuperado de http://www.adbusters.org/blogs/adbusters-blog/occu pywallstreet.html

Andersson, A. E. (2011). Creative people need creative cities. En David Emanuel Andersson, Ake E. Andersson y Charlotta Mellander, *Handbook of Creative Cities*. Edward Elgar Publishing.

Banerjee, R. (26 de octubre de 2011). Occupy Wall Street: Adbusters Organization that Started The Movement Inspired by Anna Hazare. *The Economic Times.* Recuperado de http://articles.economictimes.indiatimes. com/2011-10-26/news/303241221_tv-station-anna-hazare-jamming

Burns, B. D. (2003/2004). *The hot hand in basketball: fallacy or adaptive thinking?* Michigan State University.

Cale, D. (2009). The Chinese room argument. *The Stanford Encyclopedia of Philosophy.* Edward N. Zalta (ed). Recuperado de http://plato.stanford. edu/archives/win2009/ entries/chinese-room/

Clarke, F. S. (s. f.). Changing Army culture: creative adaptive and critical thinking Officer Corps. Proyecto de Investigación Estratégica, promoción de 2008 de USAWC. Recuperado de http://www.dtic.mil/cgi-bin/ GetTRDoc?Location=U2&doc=GetTR Doc.pdf&AD=ADA478309

Cognitive Systems and the Supersized Mind. (s. f.) Recuperado de http://hci. ucsd.edu/ 102a/readings/SSMSymp/Rupert. pdf

Dabkowski, S. (20 de septiembre de 2004). Australian chief breaks tradition at McDonalds. *The Age.* Recuperado de http://www.theage.com.au/articles/2004109119110955321 75865.html?from= moreStories

Frederick, J. (25 de noviembre de 2002). 4G Glasses. *Time Magazine.*

Gottlieb, B., & Hang, K. (26 de julio de 2011). Hong Kong's poorest living in coffin homes. *cnn.com.*

Ho, S. (s. f.). Shek Kip Mei Estate: taste 60s and 70s in old housing. Recuperado de http://www.com.cuhk.edu.hk/varsity/0505/our_community2.htm

Hong Kong's pre-eminent social housing pioneer honored in the UK. (28 de junio de 2011). *Durham University.* Recuperado de www.dur.ac.uk.

Penthouse slums: the rooftop shanty towns of Hong Kong. Recuperado de http:// dornob.com/penthouse-slums-the-rooftopshanty-towns-of-hong-kong/

Pilling, D. (17 de marzo de 2010). Poverty blights the dream of Hong Kong. *The Financial Times.* Recuperado de http://www.ft.com/cms/s/O/f7f9bdfc-3204-11df-a8d1-00144feabdcO.html#axzz1 butrou3Y

Pounding, J. E. (s. f.). Capturing the high ground: Army adaptive leadership during an era of persistent conflict. United States Army National Guard, promoción de 2010 de usawc. Recuperado de http://www.dtic.mil/cgi-bin/GetTRDoc?AD=ADA544368& Location=U2&doc=GetTRDoc. pdf

Romeo, P. (Mayo de 2010). How Jim Skinner, McDonald's Beat the Recession. QSR Magazine.

Samsudin, A., et al. (1 de julio de 2011). Customer's perception towards McDonald's icon-based nutritional labels. World Applied Sciences Journal.

Snitching for pay. (29 de septiembre de 2011). New York Times. Recuperado de http://www.nytimes.com/2011/09/29/world/asia/in-south-korea-where-digita1-tatt ling-is-agrowth-industry. html

St Paul's Cathedral Protests: Infamous Flash Mobs. (26 de octubre de 2011). The Telegraph. Recuperado de http://www.telegraph.eu.uk/ncws/religion/8850441/St-Pauls-Cathedral-protests-infamous flashmobs.html

Tharoor, I., & Rawlings, N. (14 de octubre de 2011). The whole world is watching: occupy Wall Street stares down the nypd. Recuperado de http://www.time.com/time/ nation/article/0,8599,209697 6,00.html

Wright, O., Frazer, L., & Merrilees, B. (2005). McCcafe... Sub-Brand, Para-Sub-Brand Or Co-Brand? Service Industry Research Centre, Griffith University.

REGLA 16. PONGA EN MARCHA SU AMBICIÓN

Ewing Duncan, D. (14 de septiembre de 2011). George church on the future of stem cells, Q&A with the Harvard Geneticist. Technology Review.

Ewing Duncan, D. (7 de junio de 2010). On a mission to sequence the genomes of 100,000 people. The New York Times. Recuperado de http://www.nytimes.com/201 0/06/08/science/08church.htmli_r=1

Fast, N., Halevy, N., & Galinksy, A. (2011). The destructive nature of power without status. Journal of Experimental Social Psychology, en prensa.

Fisher, D., & Twain, A. (2002). Falling into the Gap. Creative Arts Book Company.

Flyvbjerg, B., Bruzeliusand, N., & Rothengatte, W. (2005). *Megaprojects and risk: an anatomy of risk.* Cambridge: Cambridge University Press.

Freeman, H. (2011). J Crew wows New York fashion week. *The Guardian.* Recuperado de http://www.guardian.eo.uk/fashion/2011/sep/13/j-crew-wows-ny-fashion-week

Gaudoin, T. (10 de junio de 2010). Mickey Drexler: Retail Therapist. *Wall Street Journal Magazine.* Recuprado de http://magazine.wsj.com/featureslthe-big-interviewlretail-therapist/

Goetz, T. (26 de julio de 2008). How the personal genome project could unlock the mysteries of life. *Wired Magazine.*

Gordon, M. (21 de mayo de 2005). Mickey Drexler's Redemption. *New York Magazine.* Recuperado de http://nymag.com/nymetro/news/bizfinance/biz/features/10489/

Keeley, G., & Clark, A. (12 de agosto de 2008). Retail: Zara bridges Gap to become world's biggest fashion retailer. *The Guardian.*

Nevaer, L. (2001). *Into-and-Out-of-The-Gap.* Praeger.

Nielson, M. (2011). *Reinventing Discovery.* Princeton: Princeton University Press.

Paul Pressler's fall from the Gap. (26 de febrero de 2007). *Business Week.* Recuperado de http://www.businessweek.com/magazine/ content/0709/b4023067.htm

Print me a Stradivarius. (10 de febrero de 2011). *The Economist.*

Reingold, J. (17 de abril de 2007). GAP: Decline of a Denim Dynasty. *Fortune Magazine.* Recuperado de http://money.cnn.com/magazineslfortunel-fortune...archive/2007/04/ 3018405468/index.htm

The Gap Keeps Running in Place. (2009). *Retail Stills.* Recuperado de http://retailsails.com/2009108120/the-gap-keeps-running-in-place/

Walker, H. (13 de marzo de 2011). Turning point for GAP as 200 stores close worldwide. *The Independent.*

Weintraub, K. (18 de septiembre de 2011). Will we all be tweaking our own genetic code? BBC News. Recuperado de http://www. bbc.co.uk/news/technology-14919539

Regla 17. Siempre es el comienzo

Aloi, D. (16 de marzo de 2011). Rata Tata says inspiration for Nano was safety. *Crónica en línea.* Recuperado de http://www.news.cornell.edu/stories/ March11/NanoSymp Cover.html

Ante, S. E. (23 de agosto de 2005). For Lego, an online lifeline. *Bloomberg Business Week.*

Asthana, S. (18 de octubre de 2011). Tata Motor presents 42% year-on-year sales growth, stuns all. *DNA.com.*

Austen, I. (3 de febrero de 2005). Lego plays hardball with rights to bricks. *The New York Times.* Recuperado de http://fr.groups. yahoo.com/group/ pi_france/message/4376?va r=1

Cappelli, P., Singh, H., & Useem, M. (2010). The Indian way: lessons for the US. *The Academy of Management Perspectives, 24*(2).Eyring, M. (11 de enero de 2011). Learning from Tata's Nano Mistakes. *HBR Blog Network.* Recuperado de http://blogs.hbr.org/cs/2011/01/learning_from_tatas_na-no_mista.html

Fine, S. B. (1990). *Resilience and human adaptability: who rises above adversity.* Montgomery: Eleanor Clarke Slagle Lecture, The American Occupatio-nal Therapy Association.

Fogarty, J. (24 de marzo de 2009). Tata Motor's Nano: It's real... so how did they do it? *Supply Excellence.* Recuperado de http://www.supplyexcellence. com/blog/2009/03/ 24/tata-motorsnano-its-realso-how-did-they-do-it/

Folke, C., Carpenter, S. R., Walke, B., Scheffer, M., Chapin, T., & Rockström, J. (2010). Resilience thinking: integrating resilience, adaptability and transformability. *Ecology and Society, 15*(4).

Jagannathan, R. (20 de septiembre de 2011). Why a gold-plated Nano will do little for Tata's failing car. *Firstpost: Business.* Recuperado de http://w'vvw. firstpos. com/business/why-a-goldplated-nano-will-do-little-for-tatas-failing-car-87924.html

JLR better valued than Tata Motors. So why not demerge the two? (29 de septiembre de 2011). *Reuters.* Recuperado de http://www.firstpost.com/

business/ilr-better-valued-than-tatamotors-so-wh y-not-demerge-the-two-95857.html

Oberoi, R. (Mayo de 2011). Think before you swallow. *Business Today*. Recuperado de http://businesstoday.intoday.in/story/mergers-and-acquisitions-throw-up-attractive-investmentoptions/1/14940.html

Pachner, J. (27 de mayo de 2009). The empire strikes back. *The Globe and Mail*. Recuperado de http://www.theglobeandmail.com/report-on-business/rob-magazine/ the-empire-strikes- back/ article11149686/

Pike, A. Dawley, S., & Tomaney, J. (2010). Resilience, adaptation and adaptability. *Cambridge J Regions Econ Soc, 3*(1).

Power, J. D. (15 de junio de 2011). *India automotive 2010: the next giant from Asia*. Recuperado de http://www.tata.com/article.aspx?artid=ieF78S 04XH 4=

Scheper-Hughes, N. (2008). A talent for life: reflections on human vulnerability and resilience. *Ethnos, 73*(1).

Sorabjee, H. (19 de octubre de 2010). When creating the Nano, we didn't fear failure: Girish Wagh. *DNA.com*. Recuperado de http://www.dnaindia. com/money/ interview view_when-creating-thenano-we-didnt-fear-failure-girish-wagh_1454655

The man who would change Microsoft: Ray Ozzie's vision for connection software. (4 de abril de 2007). *Knowledge@Wharton*. Recuperado de http:// knowledge.wharton. upenn.edu/article.cfm?articleid=1698

Agradecimientos

Este libro tiene orígenes, y ya que es posible que sea leído por algunas de las personas que influyeron en su escritura, parece prudente mencionarlas. Está por ejemplo mi madre, que me enseñó el valor de los libros, la ciencia y la curiosidad, y que todavía ejerce como investigadora extraoficial, haciéndome llegar recortes de periódicos y artículos de revistas. Y está mi padre, quien me familiarizó con varios autores que incitan a reflexionar, y quien despertó en mí el deseo de escribir.

Haría bien en reconocer la crucial y vigorosa corriente de ideas que tuve a mi disposición por medio del servicio de intercambio de información Twitter. Es difícil exagerar su valor a la hora de compartir y refinar ideas. Es el instrumento de la gran renovación, oportuna y perfectamente sincronizado para permitir que, por medio de adaptaciones, salgamos de esta gran conmoción e incertidumbre global. Este libro no tiene nada qué ver con celebridades; es acerca de compartir esperanzas, ideas, conocimientos y un deseo común de que exista algo mejor.

Índice alfabético

Y

Z